守正创新

如何构建高标准市场体系

杨宜勇 等◎著

中国市场出版社
China Market Press
·北 京·

图书在版编目（CIP）数据

守正创新：如何构建高标准市场体系 / 杨宜勇等著. —北京：中国市场出版社有限公司，2022.10
ISBN 978-7-5092-2260-7

Ⅰ. ①守… Ⅱ. ①杨… Ⅲ. ①市场体系建设—研究—中国 Ⅳ. ①F723.0

中国版本图书馆CIP数据核字（2022）第176881号

守正创新：如何构建高标准市场体系

SHOUZHENG CHUANGXIN: RUHE GOUJIAN GAOBIAOZHUN SHICHANG TIXI

著　　者：杨宜勇 等
责任编辑：晋璧东（874911015@qq.com）
出版发行：中国市场出版社
社　　址：北京市西城区月坛北小街2号院3号楼（100837）
电　　话：（010）68033539/68036672/68020336
经　　销：新华书店
印　　刷：河北鑫兆源印刷有限公司
成品尺寸：170mm × 240mm　　开　　本：16开
印　　张：17.25　　字　　数：350千
图　　数：6　　表　　数：7
版　　次：2022年10月第1版　　印　　次：2022年10月第1次印刷
书　　号：ISBN 978-7-5092-2260-7
定　　价：99.00元

序　言

守正就是不忘事业初心、不忘单位定位；创新就是勇于开拓，创造价值。

据专家文献调查研究，是邓小平、陈云、邓力群和薛暮桥同志的主张推动了在国家物价局成立物价研究所。1979年3月，陈云在写的一份提纲中指出，整个社会主义时期必须有两种经济：计划经济部分，这是基本的主要的；市场调节部分，这是从属的次要的。接着邓力群在国家经济委员会企业管理研究班上讲，通过市场调节的部分，也要运用价格、税收、信贷、经济立法等手段，去加以引导。同年11月，邓小平同外宾谈话时说：我们是计划经济为主，也结合市场经济，市场经济不能说只是资本主义的，社会主义也可以搞市场经济。1980年4月，薛暮桥给国务院写了一个书面材料，其中讲到了价格研究的必要性：“从实行利润分成做起扩大企业自主权，有积极的一面，但由于价格与价值背离，出现了苦乐不均，并且阻碍此后价格的调整。”

国家发展和改革委员会市场与价格研究所的前身——原国家物价局物价研究所成立于1980年5月（国发〔1980〕141号），至今已满42周岁。1993年随着国务院机构改革，原国家物价局物价研究所并入原国家计委，更名为国家计委物价研究所。1995年2月，根据中央机构编制委员会办公室中编办字〔1995〕30号文件，国家计委物价研究所更名为国家计委市场与价格研究所。1999年6月，经中编办字〔1999〕61号文件批准更名为国家发展计划委员会市场与价格研究所。2001年11月，市场与价格研究所、社会发展研究所同时与经济研究所合并，成立国家发展计划委员会经济社会发展研究所，但市场与价格研究所原法人名称、公章及编制仍予保留。2004年9月，国家发展计划委员会市场与价格研究所更名为国家发展和改革委员会市场与价格研究所。2015年5月，市场与价格研究所根据国家发展改革委党组批准的三定方案重新组建，2015年8月，所领导班子成员经国家发展改革委党组批准任命后，市场与价格研究所（简称市场所）恢复独立运行，现为国家发展改革委管理的正司级事业法人单位。

自成立以来，市场与价格研究所围绕服务国家宏观决策和委中心工作，在宏观调控、产业政策、市场体系、价格改革、政府监管等领域开展了大量研究工作，直接参与了多项文件起草，承担了大量政策咨询和课题研究任务，研究成果多次获得国家和部委级科技进步奖，多次获得中国价格研究领域最高奖——薛暮桥价格研究奖，在学界、理论界和政策制定部门产生了重大影响，在我国市场与价格研究领域处于领先地位。国务院原副总理马凯曾在市场与价格研究所工作（1982—1983年任国家物价局物价研究所助理研究员），知名专家学者路南、陈德尊、陈东琪、刘树杰、宋立、臧跃茹等先后担任所长或兼任法人。成致平、刘国光、戴园晨、王永治、刘福垣曾担任市场所顾问，指导研究所的学术工作。从市场所走出去的知名专家还有张宇（《求是》杂志社副总编辑）、刘泉红（国家发展改革委对外经济研究所所长）、谢晓凌（广东省物价局）、郭丽岩（中国宏观经济研究院研究员）等。

进入新时代，市场与价格研究所作为国家高端智库中国宏观经济研究院的重要组成部分，其主要职责是：研究价格总水平运行趋势，监测大宗商品及重要行业价格走势；研究现代市场体系建设；研究市场监管体系，重点是反垄断与反不正当竞争的理论、政策和方法；研究重点领域价格形成机制及公用事业价格规制；编辑出版《中国物价》月刊。目前设有办公室、公平交易与市场秩序研究室、要素市场研究室、大宗商品市场研究室、价格调控与监管研究室，以及《中国物价》编辑部。当下研究如何构建高标准市场体系，是市场所义不容辞的紧迫任务之一。

为什么要构建高标准市场体系？建设高标准市场体系是加快完善社会主义市场经济体制的重要内容，对加快构建以国内大循环为主体、国内国际双循环相互促进的新发展格局具有十分重要的现实意义。改革开放40多年来，随着中国特色社会主义的全面确立，我国社会主义市场经济体制不断完善。党的十八届三中全会进一步提出要加快完善市场体系，建设统一开放、竞争有序的现代市场体系。党的十九届四中全会在《中共中央关于坚持和完善中国特色社会主义制度、推进国家治理体系和治理能力现代化若干重大问题的决定》（以下简称《决定》）中明确提出，加快完善社会主义市场经济体制，建设高标准市场体系。

什么是高标准市场体系？所谓高标准市场体系是制度充分保障的市场体系，核心要义是高标准，实际载体是市场体系。从市场体系建设、发展状况和改革实践来看，健全的产权制度、有竞争力的企业制度、一致性的要素市场制度、权威的市场准入负面清单制度、刚性的公平竞争审查制度等都是不可或缺的，与现阶段高标准市场体系建设密切相关，是构建高标准市场体系的四梁八柱。

怎么构建高标准市场体系？2021年1月31日，中共中央办公厅、国务院办公厅印发的《建设高标准市场体系行动方案》公布，提出通过5年左右的努力，基本建成统一开放、竞争有序、制度完备、治理完善的高标准市场体系。这个纲领性文件为指导今后5年我国推进高标准市场体系建设明确了行动指南。方案从基础制度、要素市场、环境质量、市场开放、市场监管等5个方面，提出了51条具体举措，需要认真学习、全面贯彻落实。

一、夯实基础，全面完善产权保护制度

没有产权保护就没有社会主义市场经济。所谓产权制度是关于既定产权关系和产权规则结合而成的且能对产权关系实现有效的组合、调节和保护的制度安排，其最主要功能旨在于降低交易费用，提高资源配置效率。产权制度作为市场经济的基石，也是市场体系有效运行的基础性制度。在社会主义市场经济条件下，只有准确厘清市场主体财产权利的边界，用制度体系来保障主体对客体的既是法定又是排他专属的所有权、占有权、使用权、收益权、处置权，才能减少经济活动中的各种不确定性，形成对市场经济的科学、理性预期。产权制度作为构建高标准市场体系中最基本的制度，是激发市场活力、促进市场竞争、规范市场秩序、稳定市场预期的重要保障。我们要坚持平等保护，健全以公平为核心原则的产权保护制度，公有制经济财产权不可侵犯，非公有制经济财产权同样不可侵犯。坚持全面保护，保护产权不仅包括保护物权、债权、股权，也包括保护知识产权及其他各种无形财产权。坚持依法保护，不断完善社会主义市场经济法律制度，强化法律实施，确保有法可依、有

法必依。

针对产权制度有待进一步完善、市场准入需要更加公开透明、市场竞争需要进一步公平有序等问题，一方面，我们要健全各种所有制经济产权制度，这是由社会主义初级阶段的基本属性决定的。其中，包括国有产权制度、非公经济产权保护制度、知识产权及各种新型产权制度、农村集体产权制度、居民财产制度。目前农村集体产权制度是短板，包括农村集体产权抵押担保的权能，农民对集体产权的权利等没有得到很好地体现，需要多下功夫。另一方面，我们要健全以公平为原则的产权保护制度，这是由市场经济的基本属性决定的。对各类市场主体、各类所有制的经济主体必须一视同仁、平等对待。在国有企业混合所有制改革中应注重引入战略投资者，就是要引入对国有企业发展混合所有制经济、对产业的上下游发展、对企业治理结构等方面有根本性、决定性作用的战略投资者。与此同时，要注重完善法人治理结构，让参与的民营企业有话语权，在公司治理现代化中发挥积极作用。

二、搞活运行，全面完善公平竞争制度

公平竞争旨在维护市场活力和可持续发展，这既是社会主义市场经济的核心，又是市场体系建设的内在要求和基本规则。2016年6月14日，国务院发布《关于在市场体系建设中建立公平竞争审查制度的意见》，要求建立公平竞争审查制度，以规范政府有关行为，防止出台排除、限制竞争的政策措施，逐步清理废除妨碍全国统一市场和公平竞争的规定和做法。党的十九届四中全会《决定》指出，强化竞争政策基础地位，落实公平竞争审查制度。公平竞争审查制度的审查对象为行政机关和法律、法规授权的具有管理公

共事务职能的组织（以下统称政策制定机关），这些组织在制定市场准入、产业发展、招商引资、招标投标、政府采购、经营行为规范、资质标准等涉及市场主体经济活动的规章、规范性文件和其他政策措施时，应当进行公平竞争审查。我们既要增强公平竞争审查制度的刚性约束，又要加强和改进反垄断与反不正当竞争执法，不断破除区域分割和地方保护。

三、建章立制，全面实施市场准入负面清单制度

过去我们实行市场准入的正面清单，觉得越长越好。现在我们实施市场准入负面清单制度，在我国是一个从无到有的“起点式改革”，希望越短越好。在完善社会主义市场经济体制机制的重要阶段，市场准入负面清单制度是保障市场体系各类主体平等准入的重要制度安排。与“放改服”改革中的“最多跑一次”精神相契合，我们必须努力通过“一单尽列，单外无单”“一年一修，动态调整”“一目了然，一网通办”，让其具有权威性、严肃性。

面向未来，一要全面落实“全国一张清单”管理模式；二要开展放宽市场准入试点；三要推进企业注销便利化。只有这样市场主体才能进得去、干得好、出得来。

四、追求卓越，推进要素资源高效配置

高标准市场体系应该是一个统一开放、竞争有序的市场体系。中国在40多年的改革开放后，商品市场已经由市场来决定资源配置，但要素市场方面仍受限于体制机制的障碍，是构建高标准市场体系的一个突出短板。特别是由于生产要素的属性不同，以及各部门“分兵把守”的管理制度，导致我国不同生产要素的市场化差异

性特别大，严重影响了要素的协同高效配置。

国家发展改革委牵头研究起草的《关于构建更加完善的要素市场化配置体制机制的意见》，旨在充分体现要素市场制度的一致性：一是一致性的要素价格市场决定机制，要不断减少、缩小政府定价范围，规范政府指导价，充分实现市场决定价格。二是一致性的要素流动规则，充分体现要素主体的权利和权能，实现要素流动的自主性、规范性。三是一致性的要素配置机制，通过市场竞争、引致供求，对各种所有制主体、对各个领域、对城乡各种经济主体公平对待、一视同仁，平等使用生产要素，实现市场决定价格、流动自主有序、配置高效公平。深化土地、劳动力、资本、技术、数据等要素的市场化配置体制机制改革，是构建高标准市场体系的重点和难点。针对要素市场发育不充分、要素流动存在体制机制障碍，新型要素快速发展但相关市场规则建设滞后等问题，我们既要推动经营性土地要素市场化配置，又要推动劳动力要素有序流动；既要促进资本市场健康发展，又要大力发展知识、技术和数据要素市场。

五、永续发展，改善提升市场环境和质量

提升市场环境和质量是构建高标准市场体系的重要任务，是衡量高标准市场体系的重要依据。针对高质量商品和服务供给不足、消费者维权能力较弱、市场基础设施区域发展不均衡、新型基础设施建设投入不足等问题，未来提升商品和服务质量，要完善质量管理政策措施，优化企业标准“领跑者”制度，进一步发挥品牌的引领作用，推动商品市场创新发展。在强化消费者权益保护方面，既要加强消费维权制度建设，又要简化消费争议处理程序。探索建

立“吹哨人”、内部举报人等制度，严格保护举报人信息。健全公众参与监督的激励机制，提高消费者维权意识和维权能力。与此同时，未来要强化市场基础设施建设，着力推动市场基础设施互联互通，实施智能市场发展示范工程，引导平台企业健康发展，培育发展能源商品交易平台。

六、世界眼光，实施高水平市场开放

为推进高标准市场开放，畅通内外循环，针对服务业市场开放程度不足、制度型开放水平有待提高等问题，未来必须有序扩大服务业市场开放领域，我们既要有序扩大金融服务业市场开放，又要有序扩大社会服务业市场开放。我们既要完善外商投资准入前国民待遇加负面清单管理制度，又要完善引导境外消费回流政策。在推动规则等制度型开放领域，我们一方面要深化竞争规则体系领域开放合作，另一方面要推动消费品国内外标准体系接轨。

七、与时俱进，完善现代化市场监管机制

提升监管水平是构建高标准市场体系的重要前提，也是维护公平竞争市场秩序、保护消费者权益的重要保障。针对监管协同性不足、信用体系有待进一步完善等问题，未来在推进综合协同监管领域，既要全面推行“双随机、一公开”监管，又要健全对新业态的包容审慎监管制度。未来在加强重点领域监管方面，既要加强重点商品市场价格监管，又要强化要素市场交易监管。未来在健全依法诚信的自律机制和监管机制领域，要特别注重完善市场主体信用承诺制度，要特别注重大力推进信用分级分类监管。未来在健全社会

监督机制领域，要充分发挥行业协会商会作用，要充分发挥市场专业化服务组织的监督作用，要充分发挥公众和舆论监督作用。未来在加强对监管机构的监督方面，要积极健全对监管机构履行职责的监督机制。

八、安全发展，维护市场安全和稳定

安全既是市场发展的前提，也是市场发展的保障。未来我们要完善维护市场安全的体制机制，高度重视市场运行的风险挑战和市场体系安全问题，完善安全审查机制。与此同时，未来我们还要积极防范市场异常波动和外部冲击风险，提高通过大数据等方式认定竞争违法行为、预警识别市场运行风险的能力，进一步强化市场预期管理。

九、结束语

没有最好，只有更好。构建高标准市场体系，必须进一步畅通市场循环、疏通政策堵点、推进市场提质增效，构建更加成熟、更加定型的高水平市场经济体系，进一步激发各类市场主体活力。构建高标准市场体系，必须把增强“四个意识”、坚定“四个自信”、做到“两个维护”，把党的领导贯穿于全过程，确保改革始终沿着正确方向前进，不获全胜，决不收兵。

2022年10月16日，习近平总书记在中国共产党第二十次全国代表大会上的报告《高举中国特色社会主义伟大旗帜为全面建设社会主义现代化国家而团结奋斗》中明确指出：“深化简政放权、放管结合、优化服务改革。构建全国统一大市场，深化要素市场化改革，建设高标准市场体系。完善产权保护、市场准入、公平竞争、社会信用等市场经济基础制度，优化营商环境。”这属于我们市场所的核心研究领域，必须精心耕耘、科学耕耘和深度耕耘。

国家发展和改革委员会市场与价格研究所所长

杨宜勇

2022年10月16日于北京长安街

目 录

第一章

科学构建高标准市场体系 有力支撑高质量发展

内容摘要：建设高标准市场体系既是完善高水平社会主义市场经济体制的重要内容，又是构建新发展格局、实现高质量发展和高水平开放的重要支撑。面向2035年，我国经济社会发展呈现新趋势，对高标准市场体系建设提出新要求：经济增长方式由劳动、资本密集型向知识经济、自主创新转变，经济社会由高能耗模式向低碳经济转型，经济形态由工业经济向数字经济、平台经济演进，产业结构由工业为主转向服务业与“三新”经济为主。

同时，我国市场体系建设还存在一些短板和问题：资本市场不匹配自主创新和知识经济发展，技术创新、人才供给、产权保护不足。资源环境权益市场建设困难重重，市场封闭、监管滞后、长期有萎缩趋势。数据确权、定价、交易、保护、监管需加快推进。要素市场不适应“三新”经济发展，地区协同和市场开放水平不高。市场基础设施需进一步畅通升级、完善布局。基础制度不完善，产权侵害、限制竞争等问题不断出现。

对此，建议多措并举，建设支持中长期科技创新的资本市场和技术市场，健全知识产权保护。建设服务低碳经济、交易活跃的资源环境权益交易市场，健全市场制度。建设服务数字经济和平台经济的数据要素市场，完善市场监管。建设适应产业结构转型与新经济、促进资源流动的劳动力和人力资源市场，扩大市场开放。力争到2035年，全面建成高标准市场体系。

市场体系是社会主义市场经济体制的重要组成部分和社会主义市场经济有效运转的基础。改革开放特别是党的十八大以来，我国市场体系建设取得了巨大的成就，对经济发展和社会主义市场经济体制建设起到了重要的支撑和基础作用。近年来，党中央着眼于构建高水平社会主义市场经济体制，对市场体系建设提出了更高的标准和要求。党的十九届四中全会审议通过的《中共中央关于坚持和完善中国特色社会主义制度 推进国家治理体系和治理能力现代化若干重大问题的决定》指出，坚持和完善社会主义基本经济制度，加快完善社会主义市场经济体制，必须建设高标准市场体系。2019年中央经济工作会议提出“加快建设高标准市场体系”。党的十九届五中全会通过的《中共中央关于制定国民经济和社会发展第十四个五年规划和二〇三五年远景目标的建议》提出“实施高标准市场体系建设行动”，对建设高标准市场体系作出战略部署。改革开放已经走过40多年，进一步深化社会主义市场经济体制改革需要新的目标和方向，即建设高标准市场体系。

第一节　建设高标准市场体系的重要意义

一、构建高水平社会主义市场经济体制的重要内容

建设高标准市场体系是加快完善社会主义市场经济体制的目标和方向。我国经济已由高速增长阶段转向高质量发展阶段，与新形势、新要求、新征程相比，我国市场体系还不健全、市场发育还不充分，存在市场激励不足、要素流动不畅、资源配置效率不高、市场主体活力不强等问题。更好发挥市场在资源配置中的决定性作用，必须进一步深化市场化改革，建设高标准市场体系，实现产权有效激励、要素自由流动、价格反应灵活、竞争公平有序、企业优胜劣汰，筑牢社会主义市场经济有效运行的体制基础。

二、构建新发展格局的重要支撑

建设高标准市场体系对加快构建以国内大循环为主体、国内国际双循环相互促进的新发展格局具有重要意义。加快建设高标准市场体系，才能使生产、分配、流通、消费等各个环节顺畅衔接，土地、数据、劳动力、资本、技术等生产要素优化配置，产业链和供应链高效对接与整合，国民经济形成良性循环。

三、实现高质量发展和高水平开放的重要基石

建设高标准市场体系是对内实现经济高质量发展的重要基石。建设高标准市场体系能够提高资源配置效率，进而提高经济增长的全要素生产率，实现高质量发展。建设高标准市场体系是实现更高水平对外开放、发展更高层次开放型经济的需要。在全球新一轮科技革命下，新要素、新技术、新产品不断涌现，迫切需要加快完善市场制度，加快国内制度规则与国际接轨，推动国内市场和国际市场更好联通，更好利用国内国际两个市场、两种资源。

第二节 高标准市场体系的概念与构成要素

高标准市场体系的概念是从“市场→市场体系→现代市场体系”的基础上逐步演化而来，既保留了上述概念的核心构成要素，又具有适应经济社会发展趋势和发展阶段的新特征。

一、高标准市场体系相关概念

（一）市场体系

市场体系是由市场主体、交易对象、基础设施、运行机制、基础制度、市场监管，以及商品、要素等各类子市场组成的，相互关联和互动的有机整体。

（二）现代市场体系

现代市场体系是指与现代化经济体系相匹配，法治化、信息化、国际化趋势突出，系统性、高效性、创新性特征明显，实现市场准入畅通、市场开放有序、市场竞争充分、市场秩序规范，保证企业自主经营公平竞争，消费者自主选择自主消费，商品和要素自由流动、平等交换的新型市场体系。

（三）高标准市场体系

高标准市场体系是市场主体具备全球竞争力、交易平台具有国际定价影响力、交通物流基础设施高效互联、市场运行机制畅通有效、基础制度具备全球制度优势、监管体系先进完善的市场体系。

二、高标准市场体系的构成要素

高标准市场体系的构成要素可从两个维度进行划分。第一个维度从制度视角出发进行划分，第二个维度从市场主客体视角出发划分。

（一）从制度视角划分

1. 市场体系基础制度

市场体系基础制度主要包括三大制度：一是产权保护制度。包括知识产权和商业秘密保护制度。二是市场准入制度。三是公平竞争制度。包括公平竞争审查制度、反垄断和反不正当竞争执法。

2. 市场运行机制

市场运行机制包含价格机制、供求机制、竞争机制三大机制。其中，价格机制是指在竞争过程中，与供求相互联系、相互制约的市场价格的形成和运行机制。价格机制包括市场形成价格的机制、要素价格体系、价格管理制度。供求机制是调节市场供给与需求矛盾，使之趋于均衡的机制。竞争机制是市场经济活动中优胜劣汰的机制，是市场运行机制的基础。市场运行机制为市场体系运行提供了基本机制与动态模式。

3. 市场监管

市场监管是指市场监管部门基于完善市场失灵、维护市场秩序、保障质量安全、保护公共权益等目标，对市场交易与竞争中的相关主体、客体、环节、领域、行为等进行的监督管理。市场监管包含经济性监管和社会性监管。经济性监管的主要内容包括对自然垄断行业和环节的准入、退出、价格、服务或产品质量、投资等行为的监管，以及反垄断、反不正当竞争和维护公平竞争等。社会性监管以保障国民生命安全、健康、卫生、防止灾害和保护环境为目的，包括质量、安全与环境监管三个方面。市场监管具体内容包括监管体制机制、监管工具、监管规则、重点领域监管等。

（二）从市场主客体视角划分

1. 市场主体

市场主体是指参与市场交易活动的生产经营者、生产要素提供者、消费者和中间商。广义的市场主体包括与市场活动有关的政府、各类企业和自然人。狭义的市场主体主要包括各种从事生产经营活动的企业，包括国有企业、民营企业、中小企业等。

2. 要素市场

要素市场包含资本市场、劳动力和人力资源市场、土地市场、技术市场和知识要素市场、数据要素市场、资源环境权益市场，以及交易规则、要素配置机制等要素市场体系的制度建设。

3.商品和服务市场

广义的商品市场既包括商品市场又包括服务市场。其中，商品市场又可以进一步分为消费品市场、大宗商品市场等。商品和服务市场具有动态性特征，其外延会随着经济发展和技术进步而不断演进。

4.交易平台

交易平台是市场化交易进行的场所。买卖双方通过交易平台能够高效率、低成本地实现交易，提高市场运行的效率。交易平台的构成要素包括进行交易的平台、交易主体和对象、平台的交易规则三方面。交易平台既有线上交易平台，又有线下交易平台；既有场内交易平台，也有场外交易平台；既有综合性交易平台，也有专业性交易平台。

上述内容如表1–1所示。

表1–1　高标准市场体系的基本构成要素

要素	内容
市场主体结构	生产经营者、生产要素提供者和中间商等（即企业主体）、消费者、中介组织
市场客体结构	商品（包括消费品和生产资料等），服务（包括生活性服务和生产性服务等），要素（包括土地、劳动力、资本、技术、信息等）
市场交易平台	线上交易平台、线下交易平台、场内交易平台、场外交易平台、综合性交易平台、专业性交易平台
市场运行机制	价格机制、供求机制、竞争机制
市场基础制度	作为市场基石的产权制度和信用制度，规范市场秩序的监管制度、公平竞争制度、反垄断制度等，维护市场稳定、防范市场风险的相关法律法规制度等
市场监管	包含经济性监管和社会性监管，具体内容有监管体制机制、监管工具、监管规则、重点领域监管等

资料来源：课题组根据相关文献整理。

三、高标准市场体系的重要特征

（一）交易对象结构高级化

从要素市场来看，高标准市场具有如下三个方面的重要特征。

一是各要素子市场之间的结构升级。从总体看，要素市场由劳动力、资本密集型转向更高级的知识、技术、数据要素密集型，这标志着要素市场所在经济体的要素禀赋不断升级。

二是要素子市场内部的结构升级。对于劳动力市场来说，由体力劳动者构成的劳动力市场不断向知识、技术型人才占主导地位的人力资本市场过渡。对于资本市场来说，由银行占主导地位的信贷市场向股权基金、风险投资基金占比越来越大的股权资本市场发展，这标志着要素市场所在经济体由传统制造型向科技创新型的转型。

三是数据、资源环境权益等新型要素的交易规模不断壮大。对于数据要素市场来说，数据使用权、数据衍生产品、数据服务等交易对象不断丰富。对于资源环境权益市场来说，用能权、碳排放权、排污权、水权、节能量等交易对象和工具不断涌现。交易范围从地方市场发展为全国性市场甚至跨国市场。

从商品市场来看，高标准市场具有如下几点重要特征。

一是形态高级化。大宗商品期货市场是商品市场发展的高级形态。不同于普通消费品，大宗商品标准化程度高，能够进行大批量、及时、高频交易。

二是产品结构和期限结构全面且丰富。大宗商品市场涵盖现期和中远期，期限结构覆盖全面。同时，大宗商品市场还拥有现货、期货、期权、掉期、互换等丰富的交易对象。

（二）市场制度先进完善

一是构建起覆盖新型交易对象的制度体系。高标准市场体系拥有健全的数据要素、资源环境权益交易制度规则，交易对象产权界定清晰明确、标准化、可计量，能够以较低的交易成本实现要素的交易和配置。知识产权归属清晰、保护有力。

二是具有成熟的风险防范和交易者保护制度。高标准市场体系能够有效防范内幕交易、信息欺诈、价格操纵和系统性风险，能够公平保护交易者和各方参与者利益，保障市场运行安全。

（三）市场基础设施高效互联

高标准市场体系拥有智能化、信息化、网络化、综合性、多功能、辐射范围广、具有国际定价影响力的交易平台。拥有国内外互联互通的资产登记托管系统、清算结算系统、支付系统、基础征信系统等金融市场基础设施。拥有高效互联的交通、物流运输基础设施。

（四）市场运行机制畅通有效

一是拥有完备的价格发现功能。市场通过公开、公正、高效、竞争的交易运行机制形成具有真实性、预期性、连续性和权威性的价格。所形成价格能够比较准确地反映真实的供求状况及价格变动趋势。

二是价格机制能够有效反映和调节市场供求状况。不论是市场自由竞价，还是政府定价或政府指导价，都能使商品和要素在价格机制的作用下跨区域自由流向生产率最高的部门、行业、企业，实现要素配置的帕累托最优和社会福利的最大化。

三是竞争机制能够充分有效地发挥作用。市场主体能够在全国各地的商品和要素市场上公平竞争、公平交易，不受行政力量和所有制属性的限制和干预。

四、高标准市场体系与现代市场体系及其他层面的关系

（一）高标准市场体系与现代市场体系的关系

高标准市场体系建立在现代市场体系的基础之上。2002—2018年是建设现代市场体系阶段，2019年至今进入建设高标准市场体系阶段。从发展水平上看，现代市场体系相当于市场体系的“动车”“2.0版本”，高标准市场体系相当于市场体系的“高铁”“3.0版本”。从发展路径上看，现代市场体系建设是对标发达经济体标准，高标准市场体系建设则结合了国际先进制度和我国制度优势。

（二）高标准市场体系与社会主义市场经济体制的关系

建设高标准市场体系是完善社会主义市场经济体制的新目标。自党的十四大提出建设社会主义市场经济体制以来，我国已经在社会主义市场经济道路上行进了20多年，继续向前走需要提出新的目标。党的十九届四中全会提出，加快完善社会主义市场经济体制，必须建设高标准市场体系。党的十九届五中全会通过的《中共中央关于制定国民经济和社会发展第十四个五年规划和二〇三五年远景目标的建议》提出“实施高标准市场体系建设行动”，对建设高标准市场体系作出战略部署和明确内容。

（三）高标准市场体系与强大国内市场的关系

高标准市场体系是我国建设强大国内市场的重要制度框架和机制基础。如果将强大国内市场比作人的肢体和肌肉，高标准市场体系就是人的骨骼和神经系统。高标准市场体系是推动我国从市场大国向市场强国迈进的重要之举，是发挥市场在资源配置中的决定性作用和更好发挥政府作用的有机结合点。

第三节　面向2035年市场体系发展的新趋势与新要求

高标准市场体系建设是关系经济社会发展和民生福祉的国家大计，其方向设计需具有宏观视野和战略高度。高标准市场体系建设是面向2035年的长远规划，需具有长期性和预见性。因此，设计高标准市场体系的建设方向首先需要科学分析我国中长期经济社会发展趋势及其对高标准市场体系建设带来的新机遇、新挑战和新要求。

一、经济增长方式由劳动、资本密集型向知识经济、自主创新转变，对知识产权保护、资本市场与人力资源市场发展提出新挑战

望向2035年，我国经济增长方式将从基于劳动力和资本积累的投资驱动型增长转向知识、科技和创新驱动的高效率增长。我国现已进入创新型国家行列，根据我国提出的远景目标，到2035年，我国将进入创新型国家前列，到2050年将成为世界科技强国。这就意味着，我国将从模仿创新彻底转向自主创新。与此同时，创新竞争模式由单体创新转向多主体协同创新，转向多方多环节全方位同步创新。

（一）自主创新要求我国建立高水平的产权和知识产权保护体系

通过产权和知识产权保护有效激励创新。在集群创新时代，知识产权界定、流通、交易和保护问题更加复杂化。此外，自主创新和集群创新要求在知识产权保护和获得技术外溢效益之间取得平衡。要求对知识产权保护等基础制度进行完善和创新，建立适应自主创新、集群创新特点的新型产权保护制度。

（二）自主创新要求我国建立与创新体系相匹配的资本市场

首先，科技自主创新要求培育股权投资市场。自主技术创新具有高研发投入、高失败风险等特点，天使投资、风险投资等广义股权投资比银行贷款更适合支持自主创新。望向2035年，我国股票市场需完成从投机型市场向服务科技企业自主创新、服务实体经济发展的资本市场的转型。其次，由于自主创新具有不确定性和多样性，需要发挥市场在资本要素配置中的决定性作用。资金来源方面，需要金融市场提供能够分散风险的投资工具。资金流向方面，需要发展服务中小企业的信贷市场，实现信贷市场的所有制中性。

（三）知识经济加速了我国劳动力市场由数量型向质量型转变进程

目前，我国技能劳动者超过2亿人，占劳动人口总量的26%。其中，高技能人才5000万人，占技能人才总量的28%。相比之下，德国、日本等国高技能人才占技能人才的50%左右。未来一段时期，我国将进入高技能人才占比持续提高的阶段，要求劳动力市场向更好服务高技能人才转型，为高技能人才的供需精准匹配、个性化和高水平就业服务。

二、经济社会由高能耗模式向低碳经济转型，为资源环境权益交易市场和大宗商品市场发展带来新机遇

我国经济的巨大规模使得我们不能模仿发达国家曾采用的高能耗、高投入的增长方式，全球没有足够多的自然资源和环境容量来支撑我国的高能耗增长方式。近年来，我国面对的资源约束趋紧、环境污染严重、生态系统退化等挑战日益严峻，需要通过市场将稀缺的环境资源配置到投入产出效率最高的领域，以最小的环境成本获得最大的增长，实现低碳发展模式。碳达峰、碳中和目标愿景的提出使得绿色发展成为未来40年中国经济社会发展的主基调。“十四五”时期，我国生态文明建设进入以降碳为重点战略方向、实现生态环境质量改善的关键时期，要求我国加快建设适应绿色、低碳发展

的市场体系。

（一）加快建设、培育和发展碳交易市场、用能权交易市场等资源环境权益交易市场

通过发展资源环境交易市场，在实现节能减排的政策目标的同时获得最高效率的经济增长，对建立绿色低碳循环发展的经济体系，实现碳达峰、碳中和目标愿景形成有力支撑。

（二）推动大宗商品市场结构升级

在碳达峰、碳中和目标愿景下，全球将从“石油时代”向“新能源时代”过渡。根据英国石油公司（BP）的预测，到2050年，可再生能源消费占比将由2019年的5%提升至44%。我国非化石能源占一次能源消费比重将由2019年的15.3%上升至2030年的25%，2050年占比将达到50%。这一趋势意味着，可再生能源市场将在一定程度上替代原油、汽柴油、煤炭等大宗商品市场的份额，需加快培育和发展可再生能源大宗商品，在全球可再生能源市场中争取话语权和价格影响力。

三、经济形态由工业经济向数字经济、平台经济演进，为数据要素和产品市场建设和要素市场融合发展带来新机遇

（一）数字经济发展为数据要素市场、数字产品和服务市场建设带来新机遇

数字技术革命被认为是继蒸汽革命、电气革命、信息革命之后的第四次工业革命。现阶段，全球数字经济方兴未艾，我国数字经济发展空间巨大。根据中国信息通信研究院的报告，2018年，我国数字经济占GDP比重为34.8%，国际排名第九，而美国、英国、德国数字经济占GDP比重都超过60%。数字经济发展对我国市场体系建设带来新机遇和新要求。

一是数字经济发展需要建设制度完善、活跃度高、数据安全保护健全的

数据要素交易市场。数据要素将成为继资本、劳动力、土地、技术要素之后的、经济社会发展所需的又一基本要素。我国需加快建设数据要素市场，推动数据要素流通交易，实现数据要素的高效公平配置，夯实数字经济发展的市场基础。

二是需推动数字产品和数字服务市场发展壮大。随着数字经济广度和深度的不断延伸，数字产品和数字服务的种类将极大丰富，对数字产品和服务的需求也将不断增长，数字产品和服务市场具有广阔的发展空间。我国应抓住这一机遇，加快建设数字产品与服务交易平台，建立健全交易规则和保障制度，建设国际领先的高标准数字产品与服务市场。

（二）平台经济发展为要素市场融合发展提供可能

平台经济下，生产方式由独立生产向联合生产转变。在互联网与数字技术的支持下，基于大型平台的多对多联合生产模式加速发展。各类生产要素、各种生产性服务的提供方和需求方在大型生产平台上进行智能匹配和提供。生产全过程在平台上进行，生产所需的全部生产要素实时接入。

这一趋势打破了传统的技术、资本、劳动力要素子市场"各自为政"的格局，要素子市场"跨界"发展、融合发展甚至全要素市场的出现成为可能。

四、产业结构由工业为主转向服务业与"三新"经济，对劳动力市场和服务市场建设提出新要求

从产业结构看，我国正经历从工业社会向后工业社会转变的关键时期，并出现了一些不同于发达国家后工业化过程中的特征。主要表现为生产性服务业的迅猛发展和制造业与服务业的融合发展。同时，产业结构内部构成也出现一些新的变化。"三新"经济如火如荼，物联网、大数据、云计算广泛应用，"互联网+""智能+"等催生的新产业、新业态、新模式迅猛发展。在此趋势下，劳动力供需出现一些新的特征。

（一）工作安排去组织化、平台化

许多劳动者不再作为“单位人”来就业，而是以平台上指派的需求而自主选择工作，通过信息技术、各类平台或是与市场细分领域的连接，实现个人与工作机会的对接，其工作过程接受平台的监管。如滴滴打车的司机、外卖骑手、家政服务人员等。还有具备一定专业知识、技术、技能的自由职业者，比如自由撰稿人、自由艺人、咨询师、码农、SOHO（Small office，home office）族等。还有一些依托于社群经济的自由职业者，即一些自由职业者通过社群如读书、亲子、手游、cosplay等，生产和发布高质量的娱乐视听作品、文章、服务等，通过扩大影响力吸引广告商家或发展社群经济来获得经济回报。这些趋势要求劳动力市场传统的组织交易方式作出相应的调整和改变。

（二）供需关系灵活化、工作碎片化

在服务型劳动力市场中，劳动力将被分割和细化为以小时或任务计算的单位进行交易，更具有即时性，对交易时间和交易效率提出更高的要求，劳动技能和需求更加多样化、个性化和具有创新性。以“威客”模式为例，“威客”群体通过互联网运用自己的技术、知识、能力完成任务，换取收益。一些公司将工作分解为碎片化的任务，比如程序开发、广告设计等，通过互联网公开发布，集合网络“威客”共同完成。这些趋势对市场的识别、搜寻、匹配、撮合交易服务等提出更高的要求，需建设灵活用工、弹性就业、共享用工、在线用工的新型劳动力市场。

（三）服务市场供需迅速增长、发展前景广阔

目前，全球服务贸易增速已超过货物贸易，在全球贸易中的占比不断上升。我国具有世界上最充裕的劳动力和人力资源供给，同时服务需求的增长空间巨大，为生产性服务市场和生活性服务市场发展壮大提供了有利的基础条件。

第四节 建设高标准市场体系存在的短板和问题

对照市场体系发展的新趋势、新要求与高标准市场体系的新特征，我国建设高标准市场体系还存在6个方面的短板和问题。

一、资本市场不匹配自主创新和知识经济发展，技术创新、人才供给、产权保护不足

（一）我国资本市场尚不成熟，未能匹配新技术和新工业形态发展

1. 我国资本市场上大量资金追逐新技术炒作套利、资本无序扩张问题显著

一些主打新概念的上市企业备受资本追捧，而真正有价值、有成果的技术得不到资金支撑。大量资本追求短期收益最大化，炒作新技术概念和国家战略导向产业，资本快进快出，不断制造过山车式行情，对需要长期投资的实体产业造成伤害，不利于创新能力的提升。还有相当数量的资本进入金融科技领域，非但没有对科技创新产生显著作用，反而利用金融科技领域的新兴技术实现资本的大幅度无序扩张，形成垄断势力，挤垮大量中小市场主体。资本市场服务实体经济的功能有待进一步提升。

2. 股权投资市场不发达，大量中小科技创新主体融资困难

我国股权投资市场发展不充分，权益类融资在我国非金融企业外部融资中的占比不超过10%。大部分股权投资集中于成熟期和准上市企业，专注于种子期、初创期的天使投资仍旧稀缺，而后者正是自主创新最需要资金支持的阶段。

3. 适应科技创新、能够有效分散风险的储蓄产品不发达

科技创新型企业由于缺乏稳定的现金流、产品的异质性强、市场前景不

明、创新存在很大的不确定性和失败风险，使得传统的储蓄工具及其形成的银行贷款不适合成为科技创新型企业的资金来源。我国缺乏能够吸引大量储蓄又能通过产品设计有效分散投资风险的金融产品和工具。现阶段绝大多数创新融资依靠股权投资市场，资金来源和市场规模有限。

4. 资本市场法律法规体系和自律机制亟待完善

我国股市投机严重，大股东控制破坏资本市场、侵害小股东权益事件广泛存在，投资者权益保护严重不足，不利于形成服务自主创新的中长期、投资型资本市场。退市制度、上市公司现金分红制度、信息披露制度等应进一步严格和强化。

（二）市场上技术创新供给不足

现阶段我国科技成果转化率约为10%，显著低于发达国家40%的平均水平。较低的成果转化率造成市场上的技术创新供给偏少。大量的技术创新内化于企业内部，市场交易偏少，技术外溢效应不足。高校和研究机构的科研成果转化仍受制于科研管理体制的制约，市场导向型创新激励不足。

（三）知识产权保护不适应自主创新发展

当前我国已经由模仿创新转向自主创新阶段，知识产权保护滞后导致的创新激励不足问题愈加凸显。国内侵犯知识产权行为易发多发，科技创新主体深受其害。调研发现，不少国内科技中小企业只要做出好的软件，国内大企业就能第一时间复制，采用“模仿+大规模投资”、高薪挖人等方式挤压中小企业。知识产权维权成本高、赔偿低、周期长、效果差，我国97%以上专利的平均法定赔偿额只有8万元。此外，集群创新趋势下，需要在知识产权保护和获得技术外溢效益之间取得平衡。过多的知识产权保护会在一定程度上阻碍集群创新，并且产生一定的垄断租金。

（四）高技能人才供给不足，人力资源存在错配

现阶段，我国技能劳动者超过2亿人，占劳动人口总量的26%。其中，

高技能人才5000万人，占技能人才总量的28%，与德国、日本约50%的比例相比还有一定距离。劳动力市场不能满足各层次人才配置需求，特别是对高层次人才的服务功能不足，高素质劳动力、创新型人才存在一定的错配和浪费。

二、资源环境权益市场建设困难重重，市场封闭、监管滞后、长期有萎缩趋势

资源环境权益交易市场包括排污权交易、碳排放权交易、水权交易、节能量交易、用能权交易等子市场。其中，排污权交易是对一定区域内的污染源设定年度总排放上限，将总量以许可证形式分配给排污主体，排污主体将多余未使用的许可证在市场上进行交易。碳排放权交易是指交易主体在碳市场上对温室气体排放配额和国家核证自愿减排量进行交易。用能权交易是指在能源消费总量控制的背景下，用能主体经核定或交易取得在一定年度内可使用和投入生产的能源消费量指标，而用能主体可在规定期限内对用能权进行转让和抵押。节能量交易与用能权交易制度类似，节能量是指满足同等需要或达到相同目的条件下所减少的能源消费数量，这是一个相对量，通常用实际消耗的能源数量与某一个能源消耗定额的差额表示。节能量交易是以节能量（或能源消费权）为交易对象的市场交易行为。水权交易是指政府依据一定规则把水权分配给使用者，市场主体之间就水权配额进行交易。我国资源环境权益市场起步时间不长，市场建设中存在种种困难。

（一）资源环境权益度量和确认复杂，市场制度尚未健全

全国资源环境权益市场的构建需要一系列的“基础设施”。资源环境权益的度量和确认是其中的关键之一。资源环境权益的度量难度远远超过传统要素。作为一个市场交易品，必须可测量、可报告、可核认。以碳排放为例，“碳”的核算从属于能源，作为一种化石能源燃烧的伴生品并不完全独立。如果不能通过计量和计算使其具备“同质性”，那么碳排放交易必然会

“劣币驱逐良币”，导致市场失败。在英国，碳排放贸易不是以碳为计量单位的交换品，而是采用市场交易精确的电当量作为结算品。即使如此，由于电力生产中涉及化石能源、核能和可再生能源，电力使用的碳排放系数的精准计算存在一定的困难。我国对碳排放的统计、监测和确认能力仍需提升。已初步建立的MRV（测量报告核查）体系对能耗和排放的核算边界、排放因子、燃料热值含量等具体细节缺乏一致性的说明，导致能源消费量、污染物排放量和碳排放量核算数据的准确度不高。再以用能权为例，用能主体的能源消耗和能效基础数据是用能权初始确权的基本。目前能耗基础数据由用能主体自行计量，自行选择第三方机构进行审核，使得数据可比性和准确性存疑。

（二）资源环境子市场之间的制度重复建设

目前，排污权交易、碳排放权交易、水权交易、节能量交易等制度在国内外有一定的实践经验，但用能权交易制度在国内仅处于试点阶段。此外，用能权市场与碳排放权市场、节能量市场存在一定的制度重复建设，同一个用能主体如果同时被纳入用能权市场和碳排放权市场，则该用能主体的同一个用能行为会受到用能权指标和碳排放指标的双重约束。不同子市场的制度衔接需要进一步理顺。

（三）市场相对封闭，交易对象和市场主体范围受限

开放、竞争的市场才有效率。目前我国的资源环境权益市场相对封闭。从交易对象看，不少资源环境权益市场只是有限产品的交易。例如，碳排放权交易只涉及化石能源，可再生能源如果是一次电力只是隐含在电网的排放系数中，并不直接参与交易。由于计量过于复杂，可再生能源、碳汇等大量优质产品尚难以进入碳排放权市场。从市场主体看，碳排放权市场只包括工业，没有将服务业纳入市场。工业中只包括钢铁、电力、化工、建材、造纸和有色金属等能源消耗大户行业，众多“小户”没有涵盖。节能量市场参与

者只包括政府根据年度区域节能目标选择纳入节能量交易体系的单位范围。

（四）市场交易量小、活跃度低，长期有萎缩趋势

1. 初始分配难以达到最优状态，制约市场供需

以碳排放为例，如果初始碳配额发放偏多，则用能主体没有提高能源利用效率的压力和动力，用能主体有配额结余，市场需求疲软。如果初始配额发放偏少，许多用能主体正常生产的能源需求难以满足，不得不在市场上大量购买，会导致碳排放权价格高企，加重用能主体负担，背离市场建设的初衷。我国与国际社会、中央政府与地方政府、地方政府之间、政府与企业存在多重博弈，受经济、政治、环境、社会多重因素制约，初始配额的确定和分配更难以达到最科学合理的状态。

2. 多数资源环境权益，比如碳排放权、排污权、用能权等作为一种“恶品”，需要不断压缩总量或定额管控

通过不断地减少权益总量，以达到减少温室气体排放、污染物排放和化石能源消费等政策目的。作为一个初始市场容量偏小、交易对象和市场主体范围有限、市场制度建设难度大、后期交易总量又人为不断压缩的市场，资源环境权益市场的建设与发展举步维艰。

（五）资源环境权益市场监管亟待健全

“碳达峰、碳中和”战略目标下，我国用能权市场、碳排放市场、排污权市场正加快建设，但资源环境权益领域的市场监管刚刚起步。缺乏系统性的法律依据，针对节能减排和碳减排目标、控排主体权利与责任等相关法律制度缺失。缺乏构建可计量、可核查的权益交易体系数据基础制度。对企业缺乏具体的监测计划和管理，部分企业对用能和排放数据的核算、报告、监测及数据质量管理不到位，数据监测频率不够、质量不高、存档资料不完善。在第三方核查制度中，对第三方机构的资质认定和管理办法有所缺失。

三、数据确权、定价、交易、保护、监管需加快推进

（一）数据确权与交易制度建设需加快推进

数字要素产权界定制度还不完备。现有法律对数据要素权属的规定仍然是原则性的，对数据要素所有权、使用权和收益权均没有明确的界定，不能对数据要素产权、知识产权及其收益权进行充分保护。数据要素的开放、流通、交易相关制度建设仍需加快。部门、地区、政企、企业之间数据壁垒林立，数据开放共享渠道不畅通。数据产品标准化仍是数据交易领域面临的难题。目前对不同类型的数据产品缺乏相应的基础标准、数据处理标准、数据安全标准、数据质量标准等，影响数据在市场上的高效流通。

（二）数据定价机制难题亟待解决

一是即使是同样的数据，由于数据来源不同，数据收集和加工的成本各不相同。二是数据对于不同需求方的主观价值也有所不同。三是数据具有时效性，数据的价值会随着数据需求方对该数据需求的紧迫性而变化。数据所具有的上述特性使得数据定价机制的确立存在一定的难度。

（三）数据保护仍待加强

数据信息保护不利，数据安全问题亟待解决。一些企业利用信息技术手段大量挖掘和收集用户数据和信息，用户数据信息泄露事件多发。政府向企业任意或变相索要数据、相关数据在使用后未及时销毁等情况广泛存在。数据侵权行为惩处力度偏弱，惩戒效果有限。《数据安全法（草案）》中规定，“不履行数据安全保护义务或者未采取必要的安全措施的，处一万元以上十万元以下罚款，对直接负责的主管人员可以处五千元以上五万元以下罚款；拒不改正或者造成大量数据泄漏等严重后果的，处十万元以上一百万元以下罚款，对直接负责的主管人员和其他直接责任人员处一万元以上十万元

以下罚款”。相比之下，欧盟《通用数据保护条例》（*GDPR*）中最低一档的最高处罚金额也达到1000万欧元或公司全球2%的营业收入。

（四）数据市场监管亟须健全

1. 亟须健全对新业态包容审慎的监管制度

随着数字经济和平台经济的迅猛发展，大型互联网平台垄断、“二选一”、算法歧视、轴辐合谋限制竞争、歧视定价、资本无序扩张等垄断和滥用市场优势地位、破坏市场公平竞争秩序、阻碍行业创新的行为不断出现，数据隐私安全、侵害消费者权益等问题不断涌现。平台企业跨地域经营特征对我国反垄断等领域的属地监管模式形成挑战。新业态新模式下，监管目标更加多元化，既要实现防止平台垄断和资本无序扩张等监管目标，又要充分考虑监管措施对产业发展的负面影响及监管付出的直接成本。亟须建立健全与平台经济数字经济发展相适应、能够平衡监管与发展、包容审慎的互联网平台监管体系。

2. 亟须设计引入科学合理、精准有效的新型监管工具和监管方法

互联网平台经济下，监管面临的问题更加错综复杂，一些平台企业以极低的价格甚至零价格销售软件产品和服务，使得传统的价格监管方法出现失灵。从执法实践来看，采用质量、创新等非价格竞争的分析范式存在量化的困难。互联网平台企业的策略性竞争行为更加隐蔽更加复杂，算法操纵、算法合谋、大数据企业、技术性拒绝交易等更加难以发现，单纯依靠传统监管手段已经很难对互联网平台企业的垄断行为或不正当竞争行为进行识别。在监管规则和监管手段发展相对滞后的情况下，难以及时判断和跟踪新风险点、发现监管盲区。受制于分析技术的薄弱，众多数据难以实现关联分析，识别、预测和评估资本市场潜在风险的能力较弱。我国市场监管数字化转型往往依靠与大型互联网企业合作推动，可能存在监管空白和产生监管套利。

四、要素市场不适应“三新”经济发展，地区协同和市场开放水平不高

（一）劳动力流通受制于制度壁垒

社会保障和福利未能在地区和职业之间自由转移，制约劳动力在部门之间、行业之间的自由流动。城镇劳动力、体制内劳动力享有的部分社会保障和福利无法随着劳动者的工作转换而转移，导致市场上大量紧缺的人才留在体制内，体制外单位的人才需求长期难以满足，大量人力资源未能充分实现其价值，劳动力资源配置效率难以提高。

（二）对新经济、新形态就业的劳动者权益保障成为新的挑战

一些第三方平台利用其市场支配地位和技术手段对劳动者通过平台获得的收入所得抽取高额佣金或减少劳动者单笔业务的收入。例如，一些家政服务平台对家政服务人员收入抽取比例高达30%的佣金，部分第三方外卖平台和快递平台任意降低骑手、快递员配送费用。如何防止处于优势地位的平台利用市场力量侵害处于弱势地位的劳动者，成为建设新型劳动力市场亟须解决的问题。

（三）土地要素流转不畅

我国土地用途管制缺乏弹性，工业、商业、住宅等不同类型建设用地之间的转换渠道十分有限，不能适应当前经济社会快速发展和产业结构转换升级的需要。土地使用结构不合理，产业用地供给严重不足，许多地方产业发展面临无地可用的局面。大量存量建设用地闲置，急需盘活和提高使用效率。农村集体经营性建设用地入市、宅基地流转改革需要加快。

（四）地区之间市场协同效应不足

西部欠发达地区依靠传统的要素配置方式难以吸引知识和技术型人才。

欠发达地区和边远地区技术创新供给和需求都较低，难以通过自身力量和传统的雇佣模式聚集技术要素资源，提升市场体量和集聚度。大量的技术被发达地区所“虹吸”，不同地区的技术市场之间未能形成协同效应、互补效应和带动效应。

（五）我国服务市场开放范围、领域、水平不足

1. 总体开放水平不足

2019年，我国服务贸易在我国外贸总额中的占比仅为14.7%，远低于全球平均水平的22.6%（2018年）。我国服务贸易逆差占全球服务贸易逆差总额的40.3%。数字贸易在全球数字贸易中的占比仅为4.5%。金融和保险服务贸易占服务贸易的比重仅为1%，远低于发达国家。

2. 社会服务业供给严重短缺，企业进入门槛高

教育、托幼、养老、医疗、家政等社会服务业领域供给严重不足，服务供给方资质良莠不齐，服务质量亟须提升，供需矛盾日益突出。例如，目前我国失能老人超过4000多万，若按照国际标准失能老人与护理员3：1的配置标准推算，至少需要1300万护理员。但全国养老服务机构的服务人员不足50万人，持证人员不足20000人。民营企业和外资机构进入我国社会服务业市场仍面临一定的隐形门槛，前置审批事项较多，审批程序和流程较为烦琐，外商投资准入特别管理措施（负面清单）对部分重要服务业准入和其他限制还比较多。2020年版的市场准入负面清单分为禁止类与许可类两大类，共计123个大项，对民间资本来说清单仍然过长。准入条件和准入限制应进一步放宽。

3. 金融服务业竞争不足，服务水平偏低

我国企业和实体经济常年面对融资成本高、融资渠道有限、金融服务专业化水平不高等问题。金融市场竞争不充分，对国有大型金融机构的显性和隐性保护现象严重，金融服务缺乏效率，国外低成本资金难以进入国内金融市场服务实体经济。近20年来，在资本账户开放度不断提高的同时，金融服

务业的整体开放程度并没有提高，某些领域的开放甚至出现倒退。

五、硬件建设：市场基础设施需进一步畅通升级、完善布局

（一）市场体系“大动脉”需互联互通、优化升级

我国铁路、公路、国际航运能力和效率仍待提升，国内铁路运输能力紧张状况仍待缓解，铁水联运、多式联运衔接中转的“最后一公里”仍需打通。大宗商品仓储物流体系和交易支持机制的标准化、智能化、信息化程度有待进一步提升，交割仓库海内外布局需大幅拓展和优化。资产登记托管系统、清算结算系统、支付系统、基础征信系统等金融市场基础设施互联互通、布局优化和系统升级工作仍需推进。

（二）市场交易平台的规模经济性、国际竞争力未能充分发挥

部分市场平台存在市场分割、重复建设、无序竞争等问题。交易平台“一省一市场”“一市一市场”现象突出。许多地方规定地方国有资产和政府公共资源必须在当地产权交易机构挂牌交易，异地产权交易平台难以涉足当地业务。地方政府出于利益诉求，重复建设大宗商品现货交易平台。部分地方政府还会对外地大宗商品的流入流出设置重重障碍，使得现货市场空间局限于狭小的地方市场，规模经济效应不能得到有效发挥。衍生品交易平台之间过度竞争，交易品种存在结构失衡的现象，阻碍市场良性发展。泛亚有色金属交易所停业后，我国在稀有金属国际价格形成方面缺乏重要的平台支撑。

六、软件建设：基础制度不完善，产权侵害、限制竞争等问题不断出现

（一）侵害民营企业产权和农村集体财产问题突出

我国现有法律对民营企业财产保护不力，利用公权力侵害私有产权、违法查封扣押冻结民营企业财产、员工侵吞企业财产等现象时有发生。农村集

体资产资源监管体系和政策法规不健全，土地、林地、滩涂、集体经营性资产收入等农村集体财产变相流失、内部少数人和外部资本侵贪等问题严重。

（二）公平竞争面临行政性垄断、所有制歧视等老问题和平台垄断等新挑战

公平竞争审查的刚性和权威性不足，程序性大于实体性，审查流于形式。部分部门和地方政府对竞争政策存有抵触情绪，对公平竞争审查例外规定的使用泛化异化、后门大开。行政性垄断造成的市场竞争限制和进入壁垒依旧难以破除，现实中仍存在许多排除和限制竞争的规定和做法。

第五节 进一步建设高标准市场体系的总体思路、基本原则和战略目标

一、总体思路

以习近平新时代中国特色社会主义思想为指导，全面贯彻党的十九大和十九届二中、三中、四中、五中、六中全会精神，坚定不移贯彻新发展理念，以推动高质量发展为主题，以深化供给侧结构性改革为主线，以改革创新为根本动力，以建设适应中长期经济社会发展的高标准市场体系为目标，以要素市场改革和建设为重点和突破，以完善市场基础制度、优化市场运行机制、提升市场基础设施水平、健全市场监管为抓手，充分发挥市场在资源配置中的决定性作用，更好发挥政府作用。力争到2035年，全面建成高标准市场体系。

二、基本原则

1. 坚持市场主导与政府引导相结合

遵循市场规律，处理好政府与市场的关系，强化竞争政策的基础性地

位，注重采用市场化手段，通过市场竞争和市场机制实现市场主体优胜劣汰和资源优化配置。发挥政府对高标准市场体系建设的统筹规划、战略引导。

2. 坚持顶层设计与基层创新相结合

在战略决策上坚持顶层设计、统一领导，战术选择上鼓励基层创新、因地制宜。充分调动中央和地方两个积极性，最大限度地激发出改革创新的强大动能。

3. 坚持自主创新和开放合作相结合

强调自主创新，探索高标准市场建设路径。在自主创新中扩大开放、兼容并蓄，注重市场体系与国际接轨，在开放合作中不断提升市场建设水平。

三、战略目标

（一）“十四五”时期战略目标

到2025年，基本建成统一开放、竞争有序、制度完备、治理完善的高标准市场体系。为推动经济高质量发展、加快构建新发展格局、推进国家治理体系和治理能力现代化打下坚实基础。

（二）2035年中远期战略目标

到2035年，全面建成高标准市场体系。在全球范围内具有效率优势、竞争优势、制度优势和引领作用。实现市场交易平台具备国际定价影响力，基础设施“大动脉”高效互联，市场运行机制畅通高效、交易成本低，市场基础制度具备全球制度优势和竞争优势，市场监管体系方法先进、执行有力。建成竞争充分、开放有序的高标准商品和服务市场，建成覆盖资本、劳动力、技术、土地等传统要素和涵盖数据、资源环境权益等新型要素的品类齐全、配置高效的高标准要素市场。

第六节 建设高标准市场体系的任务和举措

为深入贯彻党中央、国务院决策部署，构建更加成熟、更加定型的高水平社会主义市场经济体制，需进一步推动高标准市场体系建设，打造适应经济社会中长期发展的高标准市场体系。

一、建设支持中长期科技创新的资本市场和技术市场，健全知识产权保护制度

（一）建设支持科技创新的资本市场

大力发展中长期股权投资市场。引导资本从短期行为向中长期投资转化，建设覆盖技术培育、发展、收获、转型各阶段全方位支撑的资本市场。大力培育创业投资市场，完善创业投资激励和退出机制，政府资金多支持、多让利，引导天使投资人群体、私募股权、创业投资等扩大对科技创新型企业的股权融资，更多地投长、投早、投小、投创新。引导建立支持技术研发的多层次投资渠道。鼓励各地加大科技创新专项资金支持力度，用于普惠型科技创新投入。通过政府引导基金、银政企合作贴息、知识产权质押融资风险补偿基金、科技信贷基金、科技和知识产权保险资助等方式，支持技术创新。

（二）建设平等保护投资者利益的资本市场

大力强化投资者利益保护制度。稳步推进、持续深化以信息披露为核心的股票发行注册制改革。大力强化对IPO环节和已上市公司的信息披露要求和审核力度。鼓励和规范上市公司现金分红。坚持对违法违规行为零容忍，

加大对内幕交易、股价操纵、财务造假的惩罚力度。严格实施退市制度，对触及退市标准的坚决予以退市。健全退市制度和股票市场民事损害赔偿制度。因财务造假、大股东恶意过错导致的公司退市并造成投资者利益损失的，应由大股东、中介机构、公司主要管理人、相关财务人员承担对投资者的赔偿责任。

（三）建设供给有效的技术市场

着力增加技术市场的科技供给，完善科技成果转化机制。强化应用技术研发过程中的市场需求导向，切实减少科技成果转化过程中的繁文缛节。加大科研资源支持力度，畅通国家科研资源开放渠道。推动国家重大科研基础设施和大型科研仪器向高新技术创新主体开放。鼓励创新主体参与国家级创新平台建设、国家重大科技战略和重大技术创新项目，切实使企业成为应用技术的创新主体。

（四）健全适应自主创新的知识产权保护制度

完善专利法、著作权法相关配套法规。制定出台知识产权侵权惩罚性赔偿指南，对恶意侵权、长时间持续侵权等行为，严格执行侵权惩罚性赔偿制度，建立知识产权侵权快速处置机制。制定药品专利保护、商业秘密保护等知识产权保护规则，优化专利、商标等申请和审查程序，大幅压缩审查时间。

二、建设服务低碳经济、交易活跃的资源环境权益交易市场，健全市场制度

（一）着力健全资源环境权益市场制度

加快推动和完善资源环境权益交易的初始确权。科学量化核算地区用能权、碳排放权等权益总配额。在初始确权过程中体现行业差异和企业个体差异，以创造用能权配额的交易空间。着力提升我国对资源环境权益的统计、

监测和确认能力。制定用能权、碳排放权有偿使用和交易实施细则。理顺用能权交易、碳排放权交易、节能量交易之间的制度衔接，避免市场主体重复购买碳排放权、用能权等资源环境权益要素。鼓励试点地区进行差别化探索、敢于创新，建立激励和容错机制。

（二）不断拓展资源环境权益市场主体和交易对象的覆盖范围

不断创新和丰富交易对象、计量和确权方法，将可再生能源、碳汇等优质产品纳入碳排放权市场。逐步将服务业和农业企业纳入用能权、碳排放权市场。逐步将中小市场主体纳入资源环境权益市场。逐步将资源环境市场由地方试点市场扩展为地区性、全国性交易市场。

（三）加快完善资源环境权益市场监管体系

制定相关法律法规与实施细则。制定用能权、碳排放权有偿使用和交易相关法律，明确用能权、碳排放权的法律地位，明确资源环境权益市场交易、监测、核查、信息公开和监管等法律责任。建立健全用能权监测、报告、核查技术体系，制定统一的用能数据核算标准、指南、操作细则，统一用能数据报告格式，统一建设用能数据报送信息系统。建立“第三方审核机构+政府监管机构”抽查制度，保障用能数据的可比性和准确性。

三、建设服务数字经济和平台经济的数据要素市场，完善市场监管

（一）积极培育市场主体

探索建立负面清单和第三方机构认证评级相结合的数据要素市场准入管理制度。支持引导电信、金融、交通、信用、消费互联网、工业互联网等数据密集型行业平台和企业积极参与数据要素市场交易。

（二）创新数据交易模式

建立分散与集中、线上与线下有机结合的数据交易组织方式，培育壮大

一批综合性大数据交易中心和专业性大数据交易平台，开展面向场景应用的数据交易市场试点，鼓励大数据交易平台之间、产业链上下游之间进行数据交换和互联互通。加强地区间、部门间数据共享交换。

（三）建立健全数据要素市场交易制度与规则

制定数据要素产权制度，加快制定出台《数据产权法》。加快制定出台《数据安全法》《个人信息保护法》等数据安全保护法律，完善数据分级分类管理制度，完善个人信息授权制度，在数据采集方面切实保护用户权利。创新数据资产估值、数据交易定价、数据成本和收益计量等方法，完善数据交易的技术保障、检测认证、风险评估、信息披露和监督审计等相关制度，规范数据资产交易流通行为。加强数据交易标准建设，建立完善数据资源及应用分级分类标准化制度体系。研究制定交易流通、跨境传输等基础制度和标准规范，积极参与数字领域国际规则和标准制定，推动数据资源开发利用。加强数据标准研制、试验验证和试点示范，构建大数据标准化创新和服务生态，提升数据资源价值和数据产品质量。

（四）健全新业态包容审慎监管制度

一是探索轻微违法违规行为容错机制，对新业态企业建立“免罚清单”机制，实行“首次不罚”或“首次轻罚”。遵照鼓励创新、平等保护各方利益的原则，推动完善平台企业垄断认定、数据收集使用管理、消费者权益保护等方面的法律规范。分类实行相应的监管规则和标准，加强和规范事中事后监管，提高监管透明度和法治化水平。

二是完善监管方式和监管工具。推进“互联网+监管”和“大数据+监管”等新型智慧监管方式，推进线上监管（非现场监管）与线下监管（现场监管）无缝衔接，实现重要监管业务在线办理、及时处置，实现政府部门间涉企信息互通共享。建设全国市场监管大数据中心，强化数据统一归集共享，加强数据深度挖掘和分析研判，依托大数据开展监管政策分析、模拟和评估。全面推行“双随机、一公开”监管，建立健全行业监管部门与综合监管部门协调配合机制。规范监管机构的自由裁量权，杜绝选择性执法、多头执法或监管标准不一等行为。

四、建设适应产业结构转型与新经济、促进资源流动的新型劳动力和人力资源市场，扩大市场开放

（一）建设灵活用工、弹性就业、共享用工、在线用工的新型劳动力市场

推动“互联网+”等新兴信息技术在人力资源市场的广泛应用，提高识别、搜寻、匹配、撮合交易服务的效率。加快建设一批有规模、有辐射力、有影响力的人力资源市场交易平台。建立健全平台经济下的人力资源市场监管体系，强化对互联网数字平台的社会性监管，保护劳动者的合理薪酬、社保福利待遇等合法权益。推动劳动力和人力资本高效配置。推动户籍准入年限同城化累计互认。除超大、特大城市外，探索实行户籍准入年限累计互认，试行以经常居住地登记户口制度，有序引导人口落户。完善全国统一的社会保险等公共服务平台，推动社保转移接续互认。建设多层次就业招聘信息平台，促进供需双方高效对接。

（二）建设更好服务科技创新的人力资源市场

一是发挥人力资源市场促进人力资源优化配置作用，推动“人口红利”向“人才红利”转变。实施急需紧缺人才目录开发项目，引导人才向创新发展亟须领域流动。围绕国家重大发展战略、重点工程和重大项目等实施特殊急需人才配置的专项支持。做好特殊急需业务骨干和基础人才的配置服务工作。简化优化调配工作流程，提高调配工作效率。

二是鼓励中西部地区建立高级人才“柔性引进”方式。实施西部、东北人力资源市场建设援助计划，允许和鼓励高级人才通过兼职、项目合作、

合作办学、专项咨询服务等多种形式为中西部地区提供智力服务。放开对高级人才兼职、项目合作、办学等行为的限制。建立健全人才顺畅流动配置机制。着力破除人才流动障碍，简化优化流动人员人事档案管理服务工作，促进人才合理流动、有效配置。

（三）加快扩大服务市场开放水平

一是加快扩大社会服务业市场开放。以医疗、教育、托幼、养老、环保、市政等领域为重点，减少市场准入限制，取消对营利性医疗、教育等机构在证照办理、设备购置等方面的不合理限制。将审批权限下放至市级卫生健康行政部门，制定优化社会办医疗机构跨部门审批方案，简化、优化、规范审批流程。实施设立中外合资合作非营利性医疗机构试点。放宽外商举办养老等社会服务机构准入。试点开展外商设立社会服务机构，开办养老机构。取消养老机构设立许可。在现有服务业扩大开放综合试点基础上，逐步将服务业开放推广至全国，大幅提升服务业供给水平。

二是有序扩大金融服务业市场开放。支持社会资本依法进入银行、证券、资产管理、债券市场等金融服务业。允许在境内设立外资控股的合资银行、证券公司及外商独资或合资的资产管理公司。统筹规划银行间与交易所债券市场对外开放，研究制定交易所债券市场境外机构债券发行管理办法。

五、加快推进高标准市场基础设施建设

（一）推进物联网等市场大动脉建设

推动市场基础设施互联互通。持续完善综合立体交通网络。加强新一代信息技术在铁路、公路、水运、民航、邮政等领域的应用，提升运输效率。推动第五代移动通信、物联网、工业互联网等通信网络基础设施，人工智能、云计算、区块链等新技术基础设施，数据中心、智能计算中心等算力基础设施建设。打造一批物联网产业基地、物联网技术应用、智能物

流示范项目。进一步推动城乡接合部、县域和农村物流网络和商贸基础设施建设。

（二）建设高标准市场交易平台

支持平台企业创新发展。推动互联网医疗、在线教育、在线办公、网上办事等新型服务平台发展。建设“智慧商店”、“智慧商圈”、智能消费综合体验馆。打造具有全球影响力的大宗商品期货交易平台。不断完善期货交易平台规则体系，完善信息发布机制，加快交割仓库全球布局。支持上海期货交易所、大连商品交易所、郑州商品交易所做大做强，建立能够客观反映亚太地区乃至全球市场供求关系的基准价市场，实现由“国内定价中心→亚太区域性定价中心→全球定价中心”的战略转变。鼓励具备条件的资源型地区依托现有交易场所，探索建设区域性能源资源交易中心。

六、全面完善市场体系基础制度

（一）完善平等保护产权制度

强化对非公有制经济财产权的法律保护，全面清理对不同所有制经济产权区别对待的法律法规政策。完善涉企产权保护案件的申诉、涉产权冤错案件依法纠正等机制。健全农村集体产权制度。全面推开农村集体产权制度改革试点，完善农村集体产权确权和保护制度，分类建立健全集体资产清产核资、登记、保管、使用、处置制度和财务管理监督制度。规范农村产权流转交易，防止集体经济组织内部少数人和外部资本侵占、非法控制处置集体资产。

（二）完善公平竞争制度

强化公平竞争审查制度刚性约束。建立公平竞争审查投诉、公示、抽查制度。分行业、分领域细化纳入审查范围的政策措施类别，完善竞争审查标准。出台公平竞争审查例外规定适用指南，建立例外规定动态调整和重大事项实时调整机制。推动建立独立审查机制。加强和改进反垄断与反不正当竞争执法。制定专项领域反垄断指南、豁免制度适用指南。加强平台经济、共享经济等新业态领域反垄断和反不正当竞争规制。

（执笔人：杨宜勇 周适）

参考文献

丁子信. 以高标准市场体系促新发展格局形成[N]. 经济日报，2020-12-02.
房汉廷. 中国现代市场体系演化分析[J]. 中央社会主义学院学报，2015（5）.
房汉廷，张磊. 加快完善现代市场体系[M]. 广州：广东经济版社，2015.
黄晓凤. 建设高标准市场体系 筑牢高水平市场经济体制基础[N]. 南方日报，2020-12-14.
胡敏. 高质量发展要有高标准市场体系[N]. 学习时报，2019-12-11.
刘世锦. 构建高标准要素市场体系 发挥配置资源决定性作用[N]. 经济日报，2020-04-11.
刘世锦. 关于发展现代市场体系的两个问题[J]. 国家行政学院学报，2014（4）.
刘泉红. "十四五"时期我国现代市场体系建设思路和关键举措[J]. 经济纵横，2020（5）.
刘泉红等. 建设和健全现代市场体系研究（内部资料）[OL/EB]. 2018.
蒲实. 高质量推进高标准市场体系建设[N]. 学习时报，2021-01-20.
任保平. 新时代建设高标准市场体系的要求与路径[J]. 长安大学学报（社会科学版），2020（3）.
任兴洲. 中国市场体系30年：历程、经验与发展[J]. 中国发展观察，2008（12）.
王微. 加快要素市场化改革–构建高标准市场体系的关键举措[J]. 中国经济报告，2020（4）.
尹俊. 建设系统集成协同高效的高标准市场体系[N]. 经济日报，2020-04-25.
中共中央办公厅，国务院办公厅. 建设高标准市场体系行动方案[OL/EB]. 2021-1-31.
曾铮. 以高标准市场体系建设和高水平对外开放促进形成新发展格局[N]. 光明日报，2020-11-03.
周适. 高标准市场体系建设研究[J]. 中国物价，2021（8）.

第二章

健全市场体系基础性制度 筑牢高标准市场体系基石

内容摘要：市场体系是社会主义市场经济体制的重要组成部分和有效运转基础。建设高效率、高质量、高水平的高标准市场体系，使市场在资源配置中起决定性作用，更好发挥政府作用，是坚持和完善社会主义基本经济制度，推动经济高质量发展的重要支撑。市场体系基础制度是建设高标准市场体系的关键和基石。

当前，我国在市场体系基础制度建设中取得了一些进展，但是对照“高标准”的要求，仍存在一些明显的短板和弱项。比如，产权制度建设滞后，区域封锁等地方保护行为依旧盛行，市场准入“名松实严”，市场运行机制和规则不统一等。未来，需要以健产权、创环境、去壁垒、强财力、促统一为基本思路，以建立健全归属清晰、权责明确、保护严格、流转顺畅的现代产权制度，完全破除区域分割和市场保护以及所有制歧视，全面实施市场准入负面清单制度，重塑政府间纵向、横向财政关系，以建立统一市场规则体系和监管机制为基本内容，健全市场体系基础制度。

第一节 文献综述

一、我国对市场体系的建设伴随着对社会主义市场经济体制认识不断深化而深入

随着我国改革开放的深入推进，对市场体系的认识也在不断深化。在我

国建立和完善社会主义市场经济体制的进程中，中央文件对市场体系建设不断提出新的要求，一些学术文献也对高标准市场体系进行了界定。我国对市场体系的思考伴随着对社会主义市场经济体制认识的深化而不断深入。

党的十八大以来，市场体系建设一直摆在突出位置。2013年7月23日，习近平总书记在湖北省武汉市主持召开部分省市负责人座谈会时，征求对全面深化改革的意见和建议，从六个方面提出了全面深化改革需要深入调查研究的重大问题。其中，放在首位的就是进一步形成全国统一的市场体系，形成公平竞争的发展环境。习近平总书记强调，要把更好发挥市场在资源配置中的基础性作用作为下一步深化改革的重要取向，加快形成统一开放、竞争有序的市场体系，着力清除市场壁垒，提高资源配置效率。

2013年11月，党的十八届三中全会审议通过《中共中央关于全面深化改革若干重大问题的决定》（简称《决定》）提出的重大理论观点，即“使市场在资源配置中起决定性作用和更好发挥政府作用”，对社会主义市场经济体制的建立和完善产生深远影响，也为高标准市场体系的提出和建设奠定了理论基础。《决定》全文共十六个部分。其中，“加快完善现代市场体系”单独设立为第三部分，足见中央对市场体系建设的重视。《决定》明确提出，建设统一开放、竞争有序的市场体系，是使市场在资源配置中起决定性作用的基础。必须加快形成企业自主经营、公平竞争，消费者自由选择、自主消费，商品和要素自由流动、平等交换的现代市场体系，着力清除市场壁垒，提高资源配置效率和公平性。

2017年10月，党的十九大召开，提出“我国经济已由高速增长阶段转向高质量发展阶段”“建设现代化经济体系是跨越关口的迫切要求和我国发展的战略目标”。

2018年1月30日下午，中共中央政治局就建设现代化经济体系进行第三次集体学习。习近平总书记发表重要讲话，明确把建设现代市场体系作为现代化经济体系的六大体系之一，提出“要建设统一开放、竞争有序的市场体系，实现市场准入畅通、市场开放有序、市场竞争充分、市场秩序规范，加快形成企业自主经营公平竞争、消费者自由选择自主消费、商品和要素自由流动平等交换的现代市场体系”。

2019年10月，党的十九届四中全会提出社会主义市场经济体制是社会主义基本经济制度的重要组成部分，首次提出“建设高标准市场体系”。

2020年5月，《中共中央 国务院关于新时代加快完善社会主义市场经济体制的意见》（简称《意见》）公布。作为新时代加快完善社会主义市场经济体制的顶层设计，《意见》明确提出，要“建设高标准市场体系，全面完善产权、市场准入、公平竞争等制度，筑牢社会主义市场经济有效运行的体制基础”。

2020年10月，党的十九届五中全会审议通过“十四五”规划和2035年远景目标建议，作出了实施高标准市场体系建设行动的战略部署。即实施高标准市场体系建设行动，健全市场体系基础制度，坚持平等准入、公正监管、开放有序、诚信守法，形成高效规范、公平竞争的国内统一市场。这是党中央着眼构建高水平社会主义市场经济体制，对市场体系建设提出的新的更高要求。

从培育和发展市场体系，到健全现代市场体系，再到建设高标准市场体系，这一进程体现出党中央在推动经济发展中对市场认识的不断深化，也体现出推动深化改革与经济发展不断适配的进程。目前，我国市场体系建设取得了巨大成就，对经济持续健康发展和社会主义市场经济体制不断完善发挥了基础、支撑和引领作用。

目前，还有学者对高标准市场体系与国内统一大市场进行了区分。认为高标准市场体系和国内统一大市场是对立统一的关系，建设高标准市场体系的目的是建设统一大市场；国内统一大市场则是按照新的高标准市场体系的模板，形成统一的市场机制、规则和标准，进行统一的市场监管（刘翔峰，2021）。也有学者认为，高标准市场体系是对现代市场体系的延续和升级，高标准市场体系是统一开放、竞争有序、制度完备、治理完善的市场体系，更加强调制度的完备性、更加强调公平竞争、更加强调政府维护市场秩序弥补市场失灵的重要性。建设高标准市场体系不仅是要充分发挥市场在资源配置中的决定性作用，还要更好发挥政府作用，将市场经济与社会主义充分结合，推动有效市场和有为政府更好结合，强化市场立规建制能力，积极对接和影响国际市场规则，全面提升市场规则的吸引力和竞争力。

二、建设高标准市场体系离不开完备的市场基础制度体系

市场体系是政府和企业、个人等市场参与者相互依存和合作的产物，完备的基础制度体系是市场体系有效运行的基础，建设高标准市场体系的关键是夯实市场体系基础制度（刘世锦，2021；王一鸣，2021；金观平，2021），核心是正确处理政府和市场的关系（刘世锦，2021）。一个有效、完备的市场体系基础制度，政府角色和作用方式是关键，一定要摒弃之前政府替代市场、直接指挥企业和个人配置资源，而是通过提供产权保护、平等准入、公平竞争、公正监管等公共产品，创造有效的市场环境，使企业和个人等市场参与者在这样的市场环境中优化资源配置。

产权制度是市场经济的基石，只有产权归属清晰并得到严格和公平保护，市场交易和市场体系才能有效运行。建设高标准市场体系，要求健全归属清晰、权责明确、保护严格、流转顺畅的现代产权制度，健全产权执法司法保护制度。通过完善平等保护产权的法律法规体系，加强对非公有制经济财产权的刑法保护，全面清理对不同所有制经济产权区别对待的法规，严格执行侵权惩罚性赔偿制度等，有利于构建完善的产权制度，这样才能激发各类主体活力、释放发展新动能，保障高标准市场体系有效运行。

市场准入负面清单是厘清政府和市场边界的重要制度。有效破除各种市场准入的隐性壁垒，是形成全国统一市场、发挥超大规模市场优势的基础条件。党的十八届三中全会以来，我国建立了市场准入负面清单制度，这是市场准入管理的重大制度创新，对于发挥市场在资源配置中的决定性作用和更好发挥政府作用，激发市场主体活力和创造力，发挥了显著作用。目前，进一步全面落实“全国一张清单”管理模式，健全市场准入负面清单动态调整机制，选择符合条件的地区开展放宽市场准入试点，推进企业注销便利化，开展个人破产制度改革试点等，能够进一步有效打破市场准入的各种隐性壁垒，激发市场主体活力和内生动力，为构建高标准市场体系奠定基础条件。

公平竞争是市场经济的本质要求，是市场机制高效运行的重要基础，也是优化资源配置和提高配置效率的前提，更是企业优胜劣汰的保障。随着社会主义市场经济体制逐步完善，我国竞争政策的基础地位逐步确立，市场竞争机制不断健全。同时，要看到，与构建高水平社会主义市场经济体制特别是与建设高标准市场体系的要求相比，公平竞争制度还有待进一步完善。未来，还需要继续强化公平竞争审查制度刚性约束，加强平台经济、共享经济等领域反垄断和反不正当竞争规制，完善市场竞争状况评估制度等，这样才能有利于强化竞争政策基础性地位，能够促进市场主体充分竞争、优胜劣汰，实现资源优化配置，为构建高标准市场体系夯实制度基础。

三、现行市场体系基础制度存在的问题

对照“高标准”的要求，相关学者认为当前我国市场体系基础制度存在一些明显的短板和弱项。部分地区在依法平等保护各类所有制经济产权、不同类型产权等方面仍存在薄弱环节。受行政垄断影响，市场准入仍存在歧视，市场分割、区域壁垒不断呈现新特点、新形式，某些领域市场竞争有时并不那么“公平”，企业退出机制也有待完善（王一鸣，2021）。这既有长

期积累的问题，也有创新发展中的新矛盾，根源于一些体制机制障碍。基础不牢、地动山摇，畅通体制机制，全面夯实市场体系基础制度，就显得必要且紧迫。

在产权制度方面，当前诸多学者认为产权领域的突出问题既有产权制度设计中先天不公平的问题，也存在产权制度落实中的保护不力问题。产权保护不力在一定程度上制约了企业经营和消费者消费的自主性，也影响了商品和要素的自由流动，还有可能阻碍市场公平竞争，进而成为制约市场机制发挥作用的重要瓶颈。例如，目前产权法律体系尚不完善，导致侵害产权行为时有发生。在部分地区，利用公权力侵害私有产权、违法查封扣押冻结民营企业财产等现象时有发生，利用刑事手段插手经济纠纷的现象在一定程度上仍然存在。部分产权纠纷案件久拖不决，难以及时依法处置。司法程序复杂、司法效率不高，影响了企业的正常生产经营，在部分企业家群体中引发了悲观预期。同时，针对不同产权形式存在各种歧视性做法。由于产权属性不同，不同所有制的企业往往被分为三六九等，民营企业受到歧视的情况较为普遍。

在市场准入制度构建方面，大部分学者认为仍存在准入歧视，市场主体难以实现公平竞争。尽管我国发布了全国统一的市场准入负面清单，但是各地落实力度还存在差异，一些地方还存在隐性准入壁垒。在国家和地方准入政策执行过程中，依然存在主体不平等、或明或暗附加条件等情况。在金融保险、公用事业、基础设施、石化、电信、电力等领域，非国有企业普遍面临准入障碍；跨区域的统一市场准入服务有待构建，在一些地方存在对外来企业的歧视性规定和附加准入条件。同时，“准入不准营”的现象也十分突出（刘世锦，2021；王青，2021）。

在全面完善公平竞争制度方面，有学者认为近年来地方性行政垄断的存在仍对于公平竞争环境的建设带来影响，目前公平竞争审查制度的约束力仍不足。一是监管规则不统一，差别化执法影响公平竞争环境的构建。从事中事后来看，监管的公平性和透明度较为欠缺，特别是监管规则不统一。在融资、供地、环保、质检、卫生及消防检查等方面，依然对不同所有制、不同规模和不同地区主体存在差别性政策，监管的公平性和透明度有待进一步提升。二是通过提供财税优惠变相实施地方保护。长期以来，为推动本地经济发展，不少地方政府针对特定企业及投资者等出台了一系列的财税优惠政策，形成了相互攀比、过多过滥的现象，扰乱了公平竞争的市场环境。地方政府通过实施财税优惠政策，为本地企业或招商引资的企业提供支持，降低了企业的开办或经营成本，确实对促进地方投资增长和产业集聚起到了重要作用。但是，从全国来看，变相财税优惠制造政策“洼地”，不利于维护国家税收政策的统一性，严重影响了市场公平竞争环境的构建，甚至可能引发贸易摩擦和争端。三是政府采购中的地方保护倾向明显。限定政府采购商品和服务的地域范围、限定政府采购的供应商、政府采购信息发布不规范等，都不利于其他地区的企业参与投标竞争。四是以地方性法规和标准保护本地市场和利益。一些地方政府和部门在制定本地区相关法规和政策中，有意模糊相关法律条款和政策界限，为地方行政垄断提供合理和合法依据，以实现限制竞争、独占市场。例如在资质认定、业务许可或特许经营以及各种认证方面，操作方式和实现途径更加隐蔽和多样化。在资质认定、业务许可和公开招标等方面，借助模糊条款、定制条款和不透明的评标，给予本地企业、关联企业更多业务和优惠。尽管程序上做到公开，但公正和透明却远未实现。

四、原因分析

部分学者认为现行的财税制度、政绩考核体制以及法治建设落后是造成市场基础性制度不完善的主要原因。

一是现行的财税制度引发地方之间对利益的争夺。这类文献强调财政分权对地方政府的激励扭曲使得各地呈现种种的地方保护主义和市场分割现象。随着经济的发展和现代市场体系建设的进展，整个市场环境与20世纪90年代相比发生了较大的变化，但财税体制改革未能及时跟进，地方财权与事权不匹配的问题日趋严重。在事权责任不断加大而中央转移支付不足以及地方税收体系不完善的情况下，地方产生了强烈的增加投资、通过保护本地市场和企业以增加税源的冲动，进一步强化了地方之间对利益的争夺，进而成为市场分割和地方保护的重要推动因素。沈立人和戴园晨（1990）认为，在行政分权和财政分权下容易产生地方保护主义与市场分割现象，并将其形象地称作“诸侯经济”。银温泉和才宛如（2001）指出，20世纪80年代以来的财政分权体制强化了地方政府的财政和经济激励，各地为保护本地资源、市场和税基而各自为战。Young（2000）认为中国是在资源分配充满扭曲的情况下推行渐进式改革，下放财权制造了既得利益者。相关既得利益者为了保护既得利益，便会制造更多的资源扭曲，导致了地方官员控制下的“零碎分割的区域市场”。

二是学者们注意到政府激励体制中除了财政经济激励外还存在一种更为根本的晋升激励。从晋升激励对地方保护与市场分割的影响角度出发，他们不仅利用经验数据验证了晋升激励假说（Li and Zhou，2005；Ye Chen等，2005），而且构建了一个零和博弈的政治锦标赛模型，认为由于政治晋升博弈中一个官员的晋升以降低另一个官员的晋升机会为代价的基本特征，使得同时处于政治和经济双重竞争的地方官员之间的合作空间非常狭小，而竞争空间非常巨大。从而，解释了我国长期存在的地方保护主义、“大而全”的地区发展战略和地区间形形色色的产业大战和恶性竞争现象（周黎安，2004）。

三是还有学者认为法治建设落后也导致了地方保护主义盛行。主要表现为法律体系建设滞后。维护统一市场、消除市场分割和封锁、限制地方保护的法律建设跟不上，在一些领域尚存在立法空白，市场监管缺乏法律依据以及执法手段。同时，法律法规调整滞后，部分法律法规已经明显不适用经济发展和高标准市场建设的要求，但未能及时清理和适时修订。另外，法律规定过于原则和笼统，缺乏实施细则和必要的司法解释，导致地方政府在实施和执行中出现理解偏差、执行标准不一等问题。同时，也有学者认为立法权力分散且缺乏必要的约束也引发了地方保护主义。各级行政立法过多，造成部门利益固化，形成政出多门、多头监管的局面，加剧了市场分割和管理混乱；地方立法权限过于宽泛，特别是在市场规则和监管方面，地方人大立法和部门规章较多，使得各地方政府可以利用地方法律进行市场分割和保护。还有专家认为司法体系不完善及执法不严加剧了市场分割和地方保护。因为司法管辖区域按行政区域设置，地方各级司法机关缺乏独立审判的制度环境，难以自觉、有效地维护全国市场的统一。

五、相关政策建议

专家基于目前基础制度存在的问题及产生的深层次原因，提出了相关完善市场基础制度的政策建议。一是以健全相关法律法规体系为基础，在法治框架下推进高标准市场体系建设。法治是现代市场体系高效运行的重要支撑，需坚持依法治国、依法行政，进一步依法平等保护各类市场主体，保障不同市场主体平等获取生产要素，为激活创新创业动力、激发企业家精神和深入推进重要环节重点领域改革，提供坚实的法制保障和制度基础（王青，2021）。二是全面完善产权制度。健全以管资本为主的国有资产监管体制，加快转变国资监管机构职能和履职方式。健全自然资源资产产权制度和法律法规。健全以公平为原则的产权保护制度，完善平等保护产权的法律法规体系，全面依法平等保护各类市场主体产权，依法严肃查处各类侵害市场主体合法权益的行为。完善农村承包地“三权分置”制度，深化农村集体产权制度改革，完善产权权能，创新农村集体经济有效组织形式和运行机制，完善农村基本经营制度。完善和细化知识产权创造、运用、交易、保护制度规则，加快建立知识产权侵权惩罚性赔偿制度，完善新领域新业态知识产权保护制度。三是实施统一的市场准入负面清单政策。推行“全国一张清单”管理模式，严禁各部门各地区自行发布准入性质的负面清单，维护清单的统一性和权威性。建立负面清单动态调整机制和第三方评估机制。建立负面清单信息公开机制，提升准入政策透明度和负面清单使用便捷性。全面实施“证照分离”改革，全面推行涉企经营许可事项清单管理，清单之外不得违规限制市场主体进入相关行业或领域，切实解决“准入不准营”问题。在放宽主体准入限制的同时，深化针对产品的生产许可制度改革，消除部门间重复审批，最大限度压缩工业产品生产许可目录。四是强化竞争政策基础性地位。建立健全竞争政策实施机制，完善公平竞争评估制度。继续全面清理政策法律体系中与全国统一市场、公平竞争不相适应的内容。建立与竞争政策基础地位相匹配的竞争执法机构并实现执法常态化。特别是要大力查处滥用行政权力排除限制竞争案件，着力破除地方保护、行政性市场壁垒，提高资源配置效率和公平性，消除影响资源要素高效配置和有效流动的堵点。建立对行政垄断行为的特别诉讼制度。以竞争政策为基础，逐步提升产业政策与竞争政策的兼容性（彭森，2021）。积极应对经济市场新形势，修订《反垄断法》。

当更多的科学部署变为更多的有利举措，我国在建设高标准市场体系进程中，必将充分实现产权有效激励、要素自由流动、价格反应灵活、竞争公平有序、企业优胜劣汰，进一步激发市场潜力，推动社会主义市场经济的运行更加优质高效。

第二节 健全我国市场体系基础制度的必要性

在高标准市场体系的建设中，重在排除制度性障碍，致力于解决产权保护不力，市场准入不准营，公平竞争审查缺乏刚性，地方保护和区域封锁、行业壁垒、企业垄断，减损市场主体利益等各种问题。健全包括产权制度、市场准入制度、公平竞争制度等在内的市场体系基础制度，有利于为市场主体构建公平竞争的市场环境、促进国内统一大市场的构建，为实现共同富裕奠定制度基础。

一、夯实高标准市场体系的微观基础

企业不但是实体经济的参与者，也是科技创新的承载主体和现代金融的操作主体，同时也是高质量人力资源的聚集组织，是实体经济、科技创新、现代金融、人力资源协同发展的重要平台。通过健全我国市场体系基础制度，营造公平竞争的市场环境以及产权保护环境，有利于培育有竞争力的市场主体，为高标准市场体系建设提供活力迸发的微观主体。

二、形成高标准市场体系建设所需的公平竞争环境

公平竞争制度是社会主义市场经济体制的重要基础性制度。竞争有序的市场体系能够有效配置经济社会资源，从而使得市场体系的生产更有效率；竞争有序的市场体系也可以通过竞争激励，推进新技术和新模式创新，为市场体系优化发展提供重要的外部环境。当前，区域之间的市场壁垒和经济政策中一些限制跨区域竞争的做法是阻碍市场主体公平竞争的重大障碍。健全

我国市场体系基础制度，有利于市场主体在更大范围内开展公平竞争，有利于营造更加良好的公平竞争市场环境，进而激发市场主体活力和创造力，实现企业优胜劣汰，为建设高标准市场体系奠定公平竞争的保障。

三、促进形成高效规范统一的国内大市场

建设高标准市场体系需以形成国内高效规范统一大市场为前提。要坚持问题导向，针对地方保护、行政性垄断、条块分割、准入壁垒、规则不一等阻碍国内统一大市场形成的各种痼疾，深化体制机制改革，着力消除区域市场壁垒，打破行业垄断和地方保护，破除歧视性、隐蔽性的区域市场准入限制，建立统一的市场运行机制和规则。同时，推动市场一体化发展，促进劳动力、资本、技术、数据等要素以及商品和服务在城乡、区域间自由流动，实现空间配置合理高效。这样有利于形成高效规范统一的国内大市场，为建设高标准市场体系奠定坚实的基础。

四、为实现共同富裕奠定制度基础

高标准市场体系是一个能够实现共同富裕的现代市场体系。健全市场体系基础制度，营造公平配置、产权保护有效的市场环境，为现代收入分配体系建设提供公平竞争保障。各类市场主体公平竞争，不仅能促进各类主体实现按贡献分配，体现了现代经济的分配效率，并且能通过二次和三次分配体现公平原则，从而为实现共同富裕奠定制度基础，进而推进高标准市场体系的建设。

第三节 当前市场体系基础制度建设中面临的突出问题

当前，我国在市场体系基础制度建设中取得了一些进展，但是对照“高标准”的要求，仍存在一些明显的短板和弱项。比如，产权制度建设滞后，区域封锁等地方保护行为依旧盛行，市场准入“名松实严”，市场运行机制和规则不统一等。

一、产权制度建设滞后

（一）产权法律体系尚不完善

目前，我国产权法律体系尚不完善，导致某些领域产权界定不清。例如，当前涉及自然资源资产产权、数据产权的产权法律体系不完善，导致确权不清，不利于相关资源或要素的有序流转。比如农村土地产权制度模糊、不完善，使得各地政府有强烈的动机以低价征用农民土地进行基本建设，严重扭曲了地方政府的行为，不利于土地要素的自由流动。又如，小型企业和互联网平台之间的数据权属界定不清引发数据滥用。个别工业领域的云平台在未获得企业授权的情况下，私自采集其云平台上企业的数据，并进行分析研发新型解决方案，且对和企业有竞争关系的客户提供有偿服务。

（二）不同领域产权保护中存在“弱项”

目前，我国在知识产权保护、数据产权保护等方面还存在诸多弱项。在知识产权领域，大企业采用“模仿复制+大规模投资+高薪挖人”的方式侵犯中小企业知识产权现象时有发生。与此同时，中小企业维权时间较长、成本较高，即便维权成功，获得的赔款也非常有限。在数据产权保护方面，由于数据产权保护制度不健全，互联网平台对个人信息强制确权容易造成对个人信息的侵犯。一般情况下，通过签署各类保密或注册协议，多数互联网平台基本认同用户对其个人身份数据、网络行为数据拥有所有权，平台拥有使用权，但实际操作中仍有例外。部分互联网平台的注册协议规定，对于用户使用注册账号享受平台服务时产生的登录记录、消费记录、客户服务记录及其他日志等一切数据归平台所有。部分互联网平台的隐私政策声明中提出，平台在被其他公司兼并或收购的清算情况下，仍保留转让其对用户个人数据的使用权，这就容易造成对个人数据的滥用和侵犯。

（三）不同所有制经济产权保护存在不平等现象

在实践中，侵害民营企业产权行为时有发生。在部分地区，利用公权力侵害私有产权、违法查封扣押冻结民营企业财产等现象多有发生，利用刑事手段插手经济纠纷的现象在一定程度上仍然存在。同时，司法和行政执法中存在不平等现象。部分民营企业产权纠纷案件久拖不决，难以及时依法处置。这些案件的形成有历史原因，但也反映出司法程序复杂，司法效率不高，影响了企业的正常生产经营，在部分企业家群体中引发了悲观预期。另外，针对不同产权形式也存在各种歧视性做法。在一些地区和一些特定行业，由于产权属性不同，不同所有制的企业往往被分为三六九等，民营企业受到歧视的情况较为普遍。

二、区域封锁等地方保护行为依旧盛行

（一）地域歧视性政策长期存在

地方政府采购或招标容易倾向本地骨干企业或招商引资的重点企业。在公共项目招投标过程中，个别存在与当地企业合谋串标、量身打造采购标准、设计外来企业陪标及设置各式排他性门槛（对外地商品设定歧视性收费项目、实行歧视性收费标准或规定歧视性价格）等。在评标过程中对本地企

业给予不公正的加分，或者还给予相关企业更加优惠的条件。例如，为了扶持本地企业，一些地方政府在光伏、太阳能、风电、新能源汽车等产业发展中采取产品全额保障性收购等措施，帮助本地产品扩大市场。在新能源汽车推广上，虽然国家明确要求各城市或区域不得设置或者变相设置障碍来限制采购外地品牌新能源汽车，但仍普遍存在优先采购本地产品的变相地方保护行为。部分地方政府通过实施地方新能源汽车推广使用的地方标准、目录等方式来限制采购外地品牌车辆；一些城市为促进本地汽车生产企业发展，在补贴政策上给予了更多倾斜，导致外地企业难以公平参与竞争；对本地车型和外地车型实行不同的限购政策等。在城市建设用渣土类运输自卸车方面，一些城市纷纷出具各自渣土车新规，各地法规不尽相同，实施标准无统一形式，部分区域法规出现地方保护主义，非属地类企业无法进入。

与此同时，在投资配套方面，一些地方要求在本地开设工厂，或采购一定比例的本地产品。比如，有的城市在实施城市轨道交通、新能源等工程项目时，强制要求项目承担方在本地建设成套设备或零部件配套项目；强制要求项目承担方在本地产业园区开展配套投资；强制要求项目承担方采购本地制造产品；根据项目参与方配套产业投资力度分配工程项目投资额度。

（二）区域壁垒未完全消除

一些地方通过设置不合理的行政许可，阻止本地的原材料或特殊产品销售到外地，以重复检查或双重标准妨碍跨区连锁经营等行为。同时，也对外地商品销售施加严苛的限制条件或者直接将外地商品挡在本地市场之外，或通过提升外地商品在本地销售的成本，达到保护本地商品的目的。部分地方对于外地企业进入本地市场设置不合理的备案或者审批手续，增加企业运行成本，在市场中形成不公平竞争。比如在医药流通领域，本地注册、限制取得相关资格许可等做法导致区域市场分割问题突出。一些省市有关政策规定，基药集中招标采购的中标药品配送企业必须在县级成立医药公司，并将相应税收留在当地，才具备在该县进行基本药物配送的权限。在药品零售环节，异地开设连锁药店会受到各种隐性限制，比如不发放经营许可证、不给予医保定点资格等。又如在稀土市场准入方面，部分地方政府通过行政文件，指定特定的本地企业对本地稀土行业进行重组，对外地稀土企业进入本地市场或并购本地稀土企业设置各类隐性壁垒，跨省稀土企业重组存在种种隐性障碍。

（三）变相给予税收优惠时有发生

部分地区财力比较强，通常会利用较大规模的奖补返等补贴或者信贷支持给予为本地带来税收的企业，同时利用相关政策吸引外来投资，并且要求外来企业必须在本地登记注册（最好是总部注册），这也阻碍了国内统一市场的建立。尽管财政扶持名义上采取产业扶持或奖励的形式，但实际上仍与企业税收挂钩，多属于变相减免企业税收。地方还采取优惠出让土地、变相返还土地出让金、为企业承担相关费用等优惠措施招揽企业落户投资。

三、市场准入“名松实严”

全国统一的市场准入负面清单制度已经实施两年多了，隐性壁垒仍然存在，准入不准营的问题时有发生。例如，目前清单外部分经营效益好或市场前景好的行业，仍存在违规设立准入许可或者设置隐性门槛等“名松实严”“虚低实高”的情况。常常以规模、资质、技术、股比、控制污染等因素将部分民企挡在门外，特别是在招标过程中，针对民企设置了一些不合理的条件，同等资质的民企中标概率比国企低很多，常常出现“国企中标、民企干活”的现象。例如，近年来国家出台了一系列放宽民间投资市场准入的政策，但民间资本进入金融、石油、电力、铁路、电信、资源开发等领域仍然还有隐形障碍，存在限制进入的“玻璃门”、“弹簧门”和“旋转门”。同时，也有企业反映，与市场准入负面清单相关的行政许可事项耗时过长、过程不透明，越是基层越是不发达地区，民企主体准入不准营问题越突出。

四、市场运行机制和规则仍不统一

目前，各地方或区域间市场运行机制和规则仍不统一。例如，部分产品和服务标准、市场准入规则不统一，跨部门与跨区域执法尚未协作统一，信用信息缺乏共享共用。

（一）部分产品和服务标准难以统一

目前，在质量标准、检验检测等方面还存在规则不统一的问题。规则的统一是发挥强大国内市场优势的重要前提，更是高标准市场的关键所在。当前，我国在标准化建设、质量监管、检验检测、认证认可等领域正在加快形成全国统一规则，但部分地方、行业仍存在各自为政的问题。比如，部分产品和服务标准难以统一。目前对产品和服务按照标准制定主体不同，可分为国家标准、地方标准和部门标准。按照标准性质，又分为产品性能和规格参数类以及生命健康安全类。每个地方或者区域对产品和服务的标准要求是不一样的，对同一产品或者服务，有的地区采用国标、有的采用部门标准、有的采用地方标准，各地区实施的标准差异较大。而且，一些地方性标准由本地行业协会或龙头企业牵头制定，导致不同地方的产品规格、性能、安全环保健康要求等不统一，难以适应产品在全国范围内生产流通的需要。旅游、交通、环境保护等服务领域的标准不统一问题也给企业跨区域生产经营活动带来不必要的成本。

（二）市场准入规则执行难以统一

目前各地区的市场准入申报机构、申报程序、审批核准流程等方面并未统一，尚未达成“异地同标”，影响了准入的一致性。例如，从机构设置来看，有些地区直接设立了行政审批局，有些没有单独设立的则由市场监督管理局负责所承接的审批和登记事项。机构设置不一致，不利于未来平台对接以及相关事项和标准的统一。从业务操作层面来看，各省际审批、登记平台互联互通较好，但是市级或县级层面各地区在审批和登记时使用的平台五花八门，地区之间无法打通，要实现准入工作和平台对接、信息共享，需要在省际之间的市场监管部门统一进行。另外，企业开办环节基本上都通过设置综合窗口来整合执照办理、印章刻制、税务税控设备与发票申领、社保登记等4个环节，但在实施过程中，各地区差异较大，无法在各区域间实现真正意义上的异地互办。此外，各区域登记口径也存在差异，主体准入涉及名称、经营范围等主要登记事项不统一，各地区均有自己的名称自主申报行业字词库和经营范围库。从政策措施层面，在商事制度改革中，因各地实情不同，出台的政策举措不尽相同，使得准入提交的材料和受理的标准均不统一。未来要实现“异地同标”，需要进一步将政策措施标准统一，对接档案管理平台，增强信息互联互通。

（三）跨部门与跨区域执法尚未协作统一

监管规则不统一。一方面，在供地、环保、质检、卫生及消防等方面，行业监管部门或地方政府对不同所有制、规模和注册地的主体进行差别化监管。比如，为了扶持和保护本地企业或国有企业，往往变相放松监管和降低监管标准。另一方面，各地监管实施标准差异性较大。在实施国家政策和监管措施的过程中，各地之间在政策理解、执行尺度方面存在较大的尺度差距，使得企业开展跨地域经营和开展全国性业务时面临较大的经营困扰。

重点领域跨区域跨部门协作不足。各地方政府在公安、交通、环保、海关、知识产权保护等领域跨区域跨部门统一协调、相互协作、快速高效的联合执法机制尚未系统性构建，跨部门跨区域执法还缺乏协同和配合。比如，在环境生态领域，跨界区域性污染联防联控不足，尚未建立统一的跨区域生态环境监测网络。在生态环境敏感区域及重点企业环境治理等方面，尚未实现信息共享，联合执法还缺少合作基础。目前，跨区域常规性联合检查、突发性污染事件处置和污染防治基础设施运营等方面仍然处于各自为政的局面，统一执法目标、法规和标准尚未建立。此外，区域生态补偿机制尚未系统性建立。

（四）信用信息缺乏共享

目前，首先是社会信用信息的共享机制不完善。行政管理的条块分割限制了信用信息的共享，各部门缺乏信用信息的互联互通。工商（市场监管）、环保、海关、检验检疫等部门掌握大量社会主体信用信息，在属地管理和垂直部门之间存在“信息隔离带”，造成市场主体重复提交信息、多次验证信息，增加了市场主体的交易成本。其次是信用管理和执法不统一。目前信用评价标准不一，各地区信用信息的管理部门都有各自的信用等级评价标准和评定办法，尚未在全国构建协调统一的评价机构和评定方法。由于地区信用标准制式和内容不统一、互不兼容，容易使得同一市场行为在法规标准严格的省（市）就是违规违法行为，而在法规标准相对宽松的地区就是合法行为，这会造成一系列连带问题。一些缺乏信用、扰乱市场秩序的企业容易钻标准不统一的空子，混同于恪守信用、遵纪守法的企业中间，容易导致市场主体出现“劣币驱逐良币”的现象，导致市场秩序混乱。最后是各地在守信激励和失信奖惩上标准不统一，在全国范围内也未形成统一的守信奖惩机制和信用恢复机制。可见，信用管理和执法不统一，在一定程度上影响了高标准市场体系的建设。

第四节　尚未全面健全市场体系基础制度的根源

现行的财税制度、行政性垄断的存在、政绩考核体制的不完善以及法治建设落后是造成市场基础性制度不完善的主要原因。

一、现行财税体制阻碍市场体系基础制度的健全

（一）“央强地弱”的财政关系带来了地方保护主义盛行

地方保护主义的产生和发展与政府间财政关系调整紧密相关。从新中国成立后计划经济体制的“统收统支”到20世纪80年代地方“划分收支”“分灶吃饭”“财政大包干”，我国的事权、财权、财力从中央下放到地方，激发了地方积极性，但也因此带来了地方本位主义和保护主义（楼继伟，2019）。1994年实施的分税制改革虽然在很大程度上破除了地方财政的这种激励，但是由于改革不彻底，事权、支出责任与财力划分不清，形成了“央强地弱”的财政关系，为了满足地区公共支出需求，地方政府仍保留了地方保护主义的财政动机。

第一，分税制对政府间事权与支出责任的划分，仅涉及中央与省级政府，对省以下政府事权与支出责任的界定仍然不清晰，导致央地在事权、支出责任与财力划分上的纵向失衡，省级以下政府承担了较多的提供公共服务的支出责任，而事权与财力之间并不匹配，导致省以下政府的财政收支矛盾凸显。收支不匹配的地方财权事权划分决定了地方本位主义仍然存在。

第二，分税制仅对中央和省的收入划分作出了调整，大多数省以下还维持了原有的收入分享体制，地方企业的发展与本级财政收入依然有直接关系。这些均迫使地方政府仍具有保护主义动机，积极发展本地经济，培育税源，进而增加财政收入。各地开展限制本地资源流出和外地产品流入的保护主义行为，确保了本级政府在当期或未来获得更繁荣的本地经济和更充裕的财政收入。可见，分税制中不完善的制度设计成为了长期以来造成市场分割的重要制度根源。

（二）税收生产地征收原则带来区域竞争扭曲

首先，税收的属地化征收原则为地方政府保护本地的企业提供了动机。例如，各地区普遍限制本地的企业总部搬离，并对吸引总部经济给予大量的优惠政策，这种通过行政干预导致市场分割的行为背后，与企业所得税总部汇算缴纳制度有着重要关联。其次，以间接税为主的税收体系长期采用生产地征收原则，存在税源背离问题，导致了市场分割。以增值税为例，地方税收分成部分主要按照生产地在地区间分配，但实际税负主要由消费者承担，导致增值税税收由消费地流向生产地，使得税收归属地和税负承担地之间产生偏差。而且，间接税收入通常流向了以发达地区为主的生产地和输出地，实际税负却由欠发达地区的消费者承担，此类税负转嫁会进一步拉大区域间的财力不均等差距。因此，欠发达地区往往具有很强的地方保护主义动机，限制本地生产资源的流出和外地商品的流入，通过市场分割减少间接税生产地征收原则对本地税收收入的负面影响。再次，当前退税责任分担机制不明确，易导致市场分割行为的产生。以增值税留抵退税为例，商品在地区间流动容易造成退税地和征税地的偏差，造成地区间税收和支出责任不相匹配，甚至出现不发达地区对发达地区补贴的现象，迫使这些负担过重的地区开展限定企业跨地区购进原材料和机器设备的市场分割行为。最后，地方税主体税种缺失，容易产生基层税源竞争，进而导致市场分割。目前，虽然属于地方税的税种较多，但是缺乏充裕且稳定的主体税种，特别是在全面推行“营改增”改革以后，原本就偏低的地方税收入占比进一步大幅下降，地方保护主义的恶性循环进一步凸显。同时，地方主体税种的缺失还会导致地方财政对共享税的依赖度提高，而共享税的分成机制又会强化各级地方政府对共享税税源的争夺。

二、行政性垄断直接破坏了市场竞争

行政性垄断往往表现为滥用行政权力排除和限制竞争。由于行政性垄断的存在，地方政府通过横向垄断协议、针对单个企业颁布排他性规定等，随意设置地区封锁性市场壁垒。行政性垄断直接破坏市场竞争，导致生产要素无法按市场规则有效配置。

（一）政府部门直接参与横向垄断协议

在政府部门庇护甚至主导下，使某个特定行业内的主要企业达成协议或默契，在市场交易行为中采取相同的价格标准，或者强制性销售某种产品或服务，对消费者权益和相关企业利益造成损害。比如某地保险行业协会在政府部门的发文支持下，规定其几个特定类型险种的价格标准区间，这种行为属于非常明显的行政性垄断行为。

（二）政府部门直接制定区域封锁性市场壁垒

通常情况下，地方直接或间接制定区域封锁性市场壁垒实现地方保护主义。例如，对外地商品设定歧视性收费项目、实行歧视性收费标准或规定歧视性价格，排斥或者限制外地经营者参加本地的招标投标活动，以及限制其在本地投资或者设立分支机构，抑或是阻止本地的原材料或特殊产品销售到外地等。该行为限制了外来企业参与本地市场竞争。

（三）针对单个企业颁布排他性规定

由于有些行业的市场结构特征，在一个地方只有一家企业垄断经营。一旦这些企业和政府合谋，针对单一企业颁布排他性规定的行政性垄断行为便出现了。比如某地交通大队为了推进智慧交通建设，发文规定全市的车辆只能安装由某个公司提供的电子识别系统。这种指定交易行为限制了特定领域的竞争，也影响了商品和要素的市场化配置。又如，在电力市场，部分省市以规范新建住宅供配电设施安装市场秩序为名，实施了以“统一安装，统一收费”为主要特点的“新居配”政策。该政策指定供电企业统一建设新建居民住宅小区供配电设施，并按区域统一设定收费标准的做法，涉嫌滥用行政权力排除限制竞争，随后被反垄断部门全面叫停。数字证书（CA）作为维护电子化交易信息安全的重要手段，在跨省、跨部门应用过程中存在着不能互通的问题。究其原因，就是地方政府分别指定了特定的数字证书供应商。数字证书技术原理相同，但只是因为是由不同的证书颁发机构提供的，使得市场主体需要不断购买功能相同但品牌不同的数字证书，也导致跨省数字证书认证体系不能互通。企业往往需要对数字证书“一地一办”“一业一办”，需要重复提交材料，办理过程冗长，大大增加了企业的招投标成本。

此外，受体制惯性的影响，部分体制内的国有企业仍是“亦官亦商”的主体，非但没有加快退出一般竞争性领域，反而在可竞争性领域占据更多资源优势和更大市场支配地位，加剧了对其他市场主体的排除或限制。国企垄断与行政性垄断很难区分开，针对特定行业国有企业滥用市场支配地位的竞争政策执法本来就面临诸多限制，同时需要强化针对公共部门滥用公权力排除或限制竞争的公平竞争审查制度与针对国企的竞争政策执法之间的衔接，挑战和难度就更大了。

三、地方政府绩效考核易引发地区间恶性竞争

地方政府绩效考核中过度关注经济增长，导致地方出现“GDP竞赛”。在部分地方的政绩考核中，经济增长占据了较高权重，在部分官员中引发了不良政绩观。这使得地方政府之间存在类似市场主体的竞争性，积极争夺中央或大型央企集团的重大工程、招商引资项目，积极吸引人才、资本、技术并阻碍本地区内的要素自由流出等，竞争一旦失序失规，引发恶性竞争，就会导致地方保护主义。在地方公共资源配置和公共项目招投标过程中，为使

本地企业中标，存在与当地企业合谋串标、设计外来企业陪标及设置各式排他性门槛等暗箱操作行为。

四、法律法规体系不健全加剧市场分割

从立法环节看，我国先后通过了《反不正当竞争法》《反垄断法》《招投标法》等，力图通过以法律的形式来规范市场主体的竞争行为和政府行政行为，防止出现各种市场分割现象。但是，相关领域的法律法规还存在一些问题，包括：有些法条过于抽象，相关规定的原则性强，而操作性弱，还需要推出相应的配套细则和具有可操作性的补充立法；有些领域还存在与上位法相违背的部门规章和地方性法规，未完全清理；缺少适应新经济发展的配套法律，这就使得相关经济领域出现垄断行为，加剧了市场分割。随着新经济快速发展，以及新技术、新产业、新业态和新模式的不断涌现，尤其是以网络经济和平台模式为代表的新经济的崛起，为竞争政策实施和反垄断执法带来了新的挑战。基于此，要适应新的发展形势和确立竞争政策基础性地位的要求，必须加快解决竞争政策主管部门职责法定、公平竞争审查法律地位提升、反行政性垄断规则细化、制止网络型企业垄断行为规则完善等问题，从多个方面对竞争领域的法律法规进行完善。

从执法环节看，在涉及市场分割问题时，执法部门的权威性有待进一步加强。目前，我国竞争领域的行政执法部门实现了行政上的统一，但在对一些地方政府的行政行为开展执法时，往往会受到各方面的干扰。比如，2011年国家发展改革委价格监督与反垄断局在调查“电信联通垄断案”时，就遭遇了巨大阻力。同时，对各种市场分割行为的处罚力度不够。对违法行为的合理处罚，一方面可以补偿相关行为给其他市场主体带来的损失，另一方面可以震慑市场主体的违法行为。目前，存在一些妨碍统一市场建设和公平竞争的行为，存在违法成本过低的问题。

第五节　进一步健全市场体系基础制度的政策建议

基于目前市场体系基础制度存在的问题及产生的原因，需要以健产权、创环境、去壁垒、强财力、促统一为基本思路，以建立健全归属清晰、权责明确、保护严格、流转顺畅的现代产权制度，完全破除区域分割和市场保护以及所有制歧视，全面实施市场准入负面清单制度，重塑政府间纵向、横向财政关系，建立以统一市场规则体系和监管机制为基本内容，健全市场体系基础制度。

一、全面完善产权制度

产权是所有制的核心，产权制度是市场经济运行的基石。建设高标准市场体系，要求健全归属清晰、权责明确、保护严格、流转顺畅的现代产权制度，健全产权执法司法保护制度。

（一）完善产权保护的法律法规

全面清理对不同所有制经济产权区别对待的法规。健全以公平为原则的产权保护的法律法规，切实保障非公有制经济的产权。开展知识产权基础性法律研究，做好专门法律法规之间的衔接，增强法律法规的适用性和统一性。根据实际及时修改专利法、商标法、著作权法和植物新品种保护条例，探索制定地理标志、外观设计等专门法律法规。制定修改强化商业秘密保护方面的法律法规，完善规制知识产权滥用行为的法律法规以及与知识产权相关的反垄断、反不正当竞争等领域法规。制定数据资源产权等新兴领域法规。

（二）深入推进相关领域产权制度改革

以“确权”为目标加快推动资源要素产权制度改革，明确产权归属和收益主体，从根本上促进资源要素有效交易。完善产权交易制度，建立资产评估准确、交易过程透明、价格合理、资金保障到位的交易运行机制，确保各类权能的所有者都能获得正当交易收益。加快推动自然资源产权制度改革，明确资产所有者和监管者，建立和实施自然资源有偿使用制度，按照市场交易规则健全交易平台，完善价格形成机制等，让自然资源真正转变为可流动、可交易、有交易价值属性的资产。深化农村集体产权制度改革，完善农村集体产权确权和保护制度。允许将经营性资产折股量化到集体经济组织成员，保障农民的集体产权权利。规范农村产权流转交易。实施职务科技成果产权激励新模式，深入开展赋予科研人员职务科技成果所有权或长期使用权改革。

（三）加强不同所有制经济产权保护

把产权保护切实纳入全面依法治国的制度框架之中。健全国有企业和国有资产产权保护和监管制度，完善国有资产交易方式，合理合规推动国有企业股权实现多元化。切实保障非公有制经济的产权，依法严肃查处各类侵害民营企业合法权益的行为。杜绝司法保护的不平等现象，慎重对非公有制企业家违法行为采取强制措施，不得滥用司法权力对非公有制企业的资产违法扣押冻结，杜绝违反司法程序强行接管民营企业家的资产。建立健全涉产权案件甄别工作机制，完善办案质量终身负责制和错案责任倒查问责制，建立产权案件纠错和救济机制。重点整治财产案件久拖不决或不依法判决的行为。健全清理和防止拖欠民营企业中小企业账款长效机制。确保行政执法不侵害非公有经济产权，依法严肃查处各类侵害民营企业合法权益的行为，重点整治公共部门侵占企业财产行为、违法查封扣押冻结企业财产等行为。国家为了公共利益征收征用公民合法财产，应严格限定范围，并且合理支付补偿。

（四）深入推进数据产权、知识产权保护

加强知识产权保护。打通知识产权创造、运用、保护、管理、服务全链条，强化知识产权全链条保护。一是实施主体多元的知识产权保护。建立行政监管、司法保障、行业自律、社会参与的全方位知识产权保护体系。重点完善知识产权审查制度，补齐知识产权保护法律短板，对不同的知识产权类型和环节研究实行差别化的知识产权政策。完善知识产权纠纷调解机制，统筹推进人民调解、行政调解、司法调解，建立行政调解协议司法确认制度，促进纠纷实质性化解。强化专业技术保障，强化各地组建知识产权决策咨询专家委员会，完善技术调查官制度，发挥知识产权人才聚集优势，全面提升政策制定、行政执法、司法审判水平。提升企业知识产权保护能力，支持生物医药、新一代信息技术、智能制造等高精尖领域民营企业、外商投资企业参加知识产权保险试点，编制企业知识产权保护指南和维权流程指引，引导企业通过运用市场化手段、加强内部管理维护合法权益。二是实施最严格、最高效的知识产权保护。健全知识产权法规制度和标准体系，完善数字产品专利、版权、商业秘密等知识产权保护制度，制定修订具有国际领先水平的知识产权保护标准，强化知识产权保护制度保障。加强知识产权行政执法与刑事司法衔接，完善行政机关、司法机关信息共享、案件移送、协调配合等工作机制，确保涉嫌知识产权犯罪案件依法及时进入司法程序。建立健全跨区域知识产权保护行政执法机制。加大对知识产权侵权违法行为的惩治力度，严厉打击侵犯商标、专利、地理标志等知识产权的违法行为，落实知识产权侵权惩罚性赔偿制度。推进知识产权保护中心建设，动员全社会力量和资源，创新知识产权保护中心的运行机制。三是实施内外一致的知识产权保护。坚持依法平等保护，依法妥善审理因国际贸易、外商投资等引发的涉外知识产权纠纷，增强我国知识产权司法国际影响力和公信力。健全企业海外

知识产权维权体系，完善企业海外知识产权风险预警机制，鼓励企业在人才引进、国际参展、产品和技术进出口等环节开展知识产权风险预警评估；支持企业建立海外知识产权保护联盟，在所在国知识产权保护状况观察、重大事件快速响应和纠纷信息通报等方面开展协调联动。

健全数据产权保护制度。目前，还需要进一步健全数据产权保护制度，尤其是对个人信息的保护。个人信息保护应以保护个人权益和促进信息流通为宗旨，实现个人权益保护和信息自由流通的兼顾。一方面，应继续强调个人信息的收集、使用和流通不得侵犯信息主体的基本权利；另一方面，应重视个人信息的社会属性，信息主体有权阻止他人以危害个人权益的方式过度收集、滥用和泄露个人信息，并有权获得法律上的救济。但是，个人信息被合理、适当、安全的方式予以收集、使用和流通，法律上应给予同等保护。当前亟须加强对个人信息使用环节的法律规范，着力于防范个人信息的滥用。个人信息使用是否会导致隐私侵害，因使用目的、场景、方式不同而有所不同，因此对个人信息收集、使用、流通的规范，应当融入以风险为导向、以场景为基础的理念，实现个人信息流通符合场景需要、风险可控和责任可追溯。此外，探索构建具有中国特色、面向未来并且覆盖个人信息收集、使用和流通等内容的个人信息保护体系。积极培养和塑造尊重个人隐私的文化氛围和守法意识。积极推进行业自律自治，发展具有行业特点的个人信息保护规则和标准。加大对危害个人信息行为的惩罚。

二、完善公平竞争环境

以完全破除区域分割和市场保护以及所有制歧视为目标，以强化公平竞争审查制度的刚性约束、完善市场竞争状况评估制度、建立健全对行政垄断行为的特别诉讼制度为基本内容，不断完善公平竞争环境。

（一）强化公平竞争审查制度的刚性约束

以公平竞争作为各级和各部门政府制定与出台市场准入和退出、产业发展、招商引资、招标投标、政府采购、经营行为规范、资质标准等涉及市场主体经济活动的规章、规范性文件、其他政策性文件的基本立场和原则，加强产业政策、投资政策在出台之前和执行过程中与竞争政策的充分衔接，避免和制止有违公平竞争原则的经济政策出台。统筹做好增量审查与存量清理，进一步明确和细化纳入审查范围的政策措施类别。完善审查流程和方式，细化审查标准，建立重大政策措施会审和第三方评估制度，制定行业性审查规则，增强审查的针对性、有效性和客观性。建立健全公平竞争审查投诉、公示、抽查制度，对市场主体反映强烈、问题集中的行业进行重点抽查，查证属实的问题及时整改，抽查结果向社会公开。健全公平竞争审查的考核、督查与追责主体责任制，建立防止滥用行政权破坏公平竞争的长效机制，切实提升政府部门在公平竞争自审自查过程中的自觉性与执行效力，尤其是推进基层落实公平竞争审查，最终改变地方政府公平竞争审查机制仍不健全的局面。建立公平竞争审查举报处理和回应机制，加快建设针对举报线索、问题反映的审查处置机制和实施。

（二）完善市场竞争状况评估制度

适时完善市场竞争状况评估工作规则和行业竞争状况评估范例，并完善总体市场竞争状况评估报告，为科学有效开展反垄断执法提供有力支撑。对建立公平竞争审查制度后出台的政策措施，各级人民政府及所属部门要在定期清理规章和规范性文件时，一并对政策措施影响公平竞争的情况进行评估。鼓励委托第三方开展评估，评估报告应当向社会公开征求意见，评估结果应当向社会公开。经评估认为妨碍全国统一市场和公平竞争的政策措施，要及时废止或者修改完善。持续完善市场竞争状况评估制度，建立隐性壁垒发现机制，运用合法性审查、公平竞争审查、专项督查等方式，提高政府部门主动识别隐性壁垒的意识和能力，推动不同地区、不同规模、不同所有制企业之间的公平竞争。建立隐性壁垒清理机制，重点清除行政审批涉及的无法律法规依据的评估、评审、核查、登记等环节和中介服务事项、办事材料，实行台账管理、限时整改、结果公开，确保应改尽改。

（三）完善反垄断与反不正当竞争执法

提升竞争政策实施的统一性和权威性，打破行业垄断和地方保护，在全社会范围加强竞争倡导，提高市场主体的公平竞争意识，培育公平竞争的社会文化氛围。加快推进《反垄断法》修订和补充立法工作，制定原料药等专项领域反垄断指南、豁免制度适用指南，出台实施企业境外反垄断合规指引。推动完善平台企业垄断认定、数据收集使用管理、消费者权益保护等方面的法律规范。加强平台经济、共享经济等新业态领域反垄断和反不正当竞争规制，不断完善执法案例库建设。防止垄断企业滥用市场支配地位排除和限制竞争的行为，防止具有竞争关系的企业之间达成垄断协议，制止可能妨碍竞争的兼并重组行为。对企业违法实施垄断协议、滥用市场支配地位、未按规定实施经营者集中的行为，依法加大处罚力度。加强企业反垄断合规指导，出台经营者竞争合规指引，明确竞争行为底线边界，提升企业合规意识和能力。对行政机关滥用行政权力排除、限制竞争的行为，尤其在公共工程招标和集中采购领域，加大查处和整改力度，依法向社会公布有关情况。

三、全面实施市场准入负面清单制度

为有效破除各种市场准入隐性壁垒，形成全国统一市场、发挥超大规模市场优势，需以健全负面清单年度动态调整机制，建立健全市场准入效能评估制度，持续放宽市场准入，健全统一的市场主体退出机制为主要内容，全面实施市场准入负面清单制度。

（一）健全负面清单年度动态调整机制

落实全国统一的市场准入负面清单制度，强化负面清单制度的权威性和有效性，确保所有市场主体“非禁即入”。完善负面清单年度动态调整机制，通过每年修订将“放管服”改革的最新精神落实到位，体现在新版清单之中。严禁各地区政府在准入环节自行出台具有负面清单同一性质的文件。促进市场准入负面清单、行政审批清单和政府权责清单的衔接配合，通过统一编码，提升市场规则一致性，进一步降低制度性交易成本。同时做好负面清单与外商投资负面清单的联动与协同。健全市场准入负面清单的信息公开机制，提升准入政策透明度和负面清单使用便捷性。

（二）建立健全市场准入效能评估制度

建立健全市场准入效能评估制度对进一步激发市场主体活力，促进市场准入体系不断完善，深入推进高标准市场体系建设，具有重要的意义。现阶段，应积极将浙江、江苏、云南、福建、宁夏等地在市场准入效能评估试点中取得的成功经验推向全国，建立健全一套评估工作流程。根据试点经验，积极建立体现地方实际的全国统一的市场准入评估指标体系，该指标体系应该尽可能客观评估出省、市、县三级市场准入负面清单制度的落实情况。科学创新市场准入效能评估方式，积极采用数字化技术，开发“市场准入负面清单制度效能评估数据及资料填报系统”“市场准入负面清单制度市场主体满意度调查系统”等平台，鼓励和便捷市场主体参与满意度调查，并真实反映市场准入制度的实施效果。通过建立完善市场准入负面清单制度效能评估机制，有利于真实客观地反映出在加强清单制度公开和宣传、开展消除隐性壁垒、建立完善与市场准入负面清单制度相适应的配套机制等方面存在的不足，定期评估、排查、清理各类显性和隐性壁垒，进而有利于持续提升市场准入效能，完善市场准入制度。

（三）持续放宽市场准入

进一步放开信息、医疗、教育、育幼、养老、家政、文化、旅游等市场准入，取消不合理的准入前许可。同时，确保各类主体同等准入的基础上，逐步消除民办非企业与工商企业的“双轨”待遇，实现税收、用地、招投标、收费和购买服务一视同仁，建立健全竞争性服务市场体系。积极破解民营市场主体在发展中遇到的难点、堵点，主动清理针对民营企业设立和业务拓展的歧视性标准和许可或备案要求，破除民营机构在竞争性领域开展连锁经营与自愿退出的各类限制，鼓励“下沉”到三四五线城市和县乡镇开展连锁服务。细分垄断行业的业务环节，运用“网运分离，区域竞争”“干线公司+平行线竞争”等运营模式，不断扩大民营企业家的投资创业空间。结合生态环保、交通能源、基础设施、货币金融、养老医疗、文化体育等领域发展的实际需要，向民间资本集中推介一批商业潜力大、投资回报机制明确的项目，强化民间投资的激励机制。

（四）健全统一的市场主体退出机制

市场主体退出制度是现代化经济体系的重要组成部分。坚持以供给侧结构性改革为主线，以促进资源优化配置和提高资源使用效率为目标，按照市场化、法治化原则，建立健全市场主体退出制度，提高市场重组、出清的质量和效率，促进市场主体优胜劣汰和资源优化配置，推动经济高质量发展和高标准市场体系建设。

一是规范市场主体的退出方式。按照市场化法治化原则，进一步明确市场主体退出方式，如规范自愿解散退出、建立健全破产退出渠道、稳妥实施强制解散退出等，完善规范退出的条件、标准和具体程序，使各类市场主体均有适当的退出方式和渠道。

二是健全清算注销制度。优化一般注销办理环节，加强部门协同联动，精简申请材料、压缩办理时间、降低注销成本；完善简易注销制度，坚持诚信推定和背信严惩，推动简易注销程序制度化、规范化。对设立后未开展生产经营活动或者无债权债务的市场主体，可以按照简易程序办理注销；对有债权债务的市场主体，在债权债务依法解决后及时办理注销。市场主体无法就自行清算达成一致或相关责任主体怠于履行清算义务的，企业等市场主体的股东或债权人可以依法申请法院指定清算组进行强制清算。清算结束后，清算组应依法及时申请注销登记。清算过程中符合破产条件的，应依法及时转入破产程序。

三是完善企业破产制度。市场主体达到法定破产条件，应当依法通过破产程序进行清理，或推动利益相关方庭外协议重组，以尽快盘活存量资产，释放资源要素。对陷入财务困境但仍具有经营价值和再生希望的企业，支持债权人、债务人及利益相关方利用破产重整或庭外协议重组等方式，推动企业债务、股权结构和业务重组，恢复生产经营。细化完善重整程序实施规则，明确强制批准重整计划的审查标准和法律依据，规范法院对重整计划的强制批准权。建立吸收具备专业资质能力的人员参与重整企业经营管理的机制，促进重整企业保持经营价值。对丧失经营价值和再生无望的企业，要及时通过破产程序实现市场出清。

四是完善市场主体退出配套政策。完善信用记录与信用修复制度，重点完善重整企业的信用修复机制以及市场主体退出责任人信用记录机制。完善市场主体退出相关财政税收政策，优化企业破产重整税收政策，落实好亏损弥补和特殊性税务处理等税收政策。鼓励有条件的地方探索建立破产经费筹措机制，对破产财产不足以支付破产费用的市场主体，可通过筹措经费帮助支付有关费用。完善市场主体退出资产资源优化利用制度，引导各类资产进入产权交易市场，支持上市公司通过并购重组实现退出，支持重整上市公司通过重大资产交易安排、股份发行等方式开展融资，规范上市公司股东减持行为。

四、健全财税制度

现行财税体制是阻碍市场体系基础制度建立健全的关键因素。目前，要重塑政府间纵向、横向财政关系。政府间纵向关系方面，要重点降低基层财政压力，提高流转税中央集中度，减少地方政府对税源的逐底竞争，不断完善地方税收体系。横向关系方面，构建公平的税收环境，建立地区间横向税收协调机制。

（一）重塑政府间纵向财政关系

充实省市财政事权，降低基层财政压力。规范省以下政府间财政事权和支出责任划分，要适度提高中央、省、地市三级政府的财政事权和支出责任，减少基层政府承担的事权，从而在支出端缓解基层政府财政压力，降低基层政府实施本地保护的激励。

提高流动性税基的中央集中度，减少对税源的逐底竞争。一方面要在税收分成比例上，不断提高流动性税基的中央分成比例，弱化地方政府保护本地税基的激励。另一方面要强化中央转移支付的引导功能，加强中央转移支付对税源流出地的支持，降低地区间为争取流动性税基而进行的无序竞争。通过提高中央对增值税、企业所得税的分享比例，采取中央转移支付的方式对生产地征收原则下税收损失的地区给以相应的补偿措施，提升地区财力均等化水平。此外，考虑到省以下政府间财政收入需要依据该省的地区间人均财力差异来划分，可以对区域内人均财力差异大的省份，提高省市级财政收入比重，用于县乡转移支付和财力下沉，提升基层公共服务保障能力。

扩充地方税主体税种，完善地方税体系。要破除地方保护主义的财税激励，就需要从根本上减少地方政府对共享税的依赖性，补充地方税主体税种。目前，应该建立以房地产税、环境保护税、遗产赠与税为主的税收体系。加快推进房地产税试点，适时在全国范围内开征房地产税；逐步完善环境保护税收体系，不断扩大征收范围以及提高各税目税率，在减少环境压力的同时，达到效率提高和创造减税空间的“双重红利”；加快建立具有我国特点的遗产赠与税，在起到调节收入分配的同时，扩大地方财政收入的来源。同时，加快消费税改革，将部分原本在生产环节征收的消费税品目，逐步后移到批发、零售环节征收，同时将消费税改变为地方税，如此：一方面能够有效平衡税收贡献地和消费发生地之间的关系，另一方面将地方主体税收与居民消费行为挂钩，使得地方政府的主要责任转变为改善消费环境，极大弱化地方政府为保护本地市场而限制外地商品流入的动机。

（二）健全政府间横向财政关系

针对间接税生产地征收原则下产生的地区税收不平衡问题，一是可通过建立地区间横向税收协调机制，解决税收利益分配不合理问题。对于总部经济以及跨地区经营，在完善分支机构企业所得税就地分摊缴纳制度、深化对小型企业分支机构不就地分摊企业所得税纳税制度改革的同时，要推进形成与地区生产要素贡献度相匹配的税收收益分享机制。二是清理地方税收“土政策”，构建公平的税收环境。要打破资本要素或技术人才长期面临的跨区域流动的制度壁垒，就必须加大对各地自主设置的税收优惠“土政策”的清理力度。在摸清各地优惠政策现状的基础上，将税收优惠政策的设置以及资质评审的权力上收到省级税务机关。三是改革流转税制度，促进产业间互联互通。打通增值税抵扣链条，调整优化现行的抵扣制度和抵扣范围并简化抵扣方式，通过抵扣项目、抵扣界限、抵扣程度的科学测算和界定，使企业可以实现进项税额的完全抵扣，改变抵扣的“有限性”和“不充分”，促进上下游产业的分工互联。另外，就增值税留抵退税制度而言，由于存在交易地和征税地偏差带来的税负失衡，税收受损的区域更倾向于开展相关产品的市场分割行为。应当在15%由企业所在地分担、35%由各地按照上一年增值税分享额占地方分享总额比重通过调库均衡分担的基础上，进一步考虑不同地区的退税负担差异，借鉴出口退税分担机制改革，尽可能降低进项税抵扣过多的地区在留底退税上的退税负担，推进财力相对落后地区落实留底退税。

五、建立统一市场规则体系和监管机制

当前，基于我国区域间市场规则体系不一致等问题，需要建立健全与国际接轨的全国统一的市场规则体系，健全重点领域跨部门跨区域协同监管机制，确保各类信用信息共建共享。

（一）建立健全与国际接轨的全国统一的市场规则体系

强化统一权威的国家标准体系，完善国家标准制定管理制度，修订全国统一的强制性标准目录，除法律法规和国务院决定另有规定的领域外，推动将强制性行业标准、地方标准整合为强制性国家标准。优化国家标准结构，定期更新已有国家标准，明确统一的技术标准和质量标准，填补人工智能、5G、物联网等领域互联互通、市场应用、网络安全、隐私保护等标准空白，健全与智能化消费相关的标准管理体系，合并精简与国家标准内容相冲突或交叉重复的地方性标准，提升国家标准的引领作用。推进地区间标准互认，推动检测认证结果及其标准互认，实现区域内的重点标准目录、具体标准制定、标准实施监督三方面协同。做好国家标准推广工作，加快国内标准与国际标准接轨，积极参与重点领域国际标准制定，提升中国标准的国际影响力。以京津冀、长三角、粤港澳等重点区域为突破口，促进市场信息互通、市场共同监管、市场信用体系互认等，提高政策制定统一性、规则一致性和执行协同性，为全国统一市场建设提供先行示范，在此基础上逐步形成全国统一的市场规则体系。建立健全全国统一标准化信息综合服务平台，汇集国家和地方标准信息，提供一站式查询和甄别服务，基于全国组织代码信息，建设商品和服务标准化信息公示系统。鼓励各地区构建跨区域的统一市场准

入服务系统，统一身份实名认证互认、统一名称自主申报行业字词库、统一企业经营范围库，实现跨区域注册登记无差别标准。除法律法规明确规定外，不得要求企业必须在某地登记注册，不得为企业跨区域迁移设置障碍。

（二）健全重点领域跨部门跨区域协同监管机制

健全跨区域联合监管执法机制。建立跨区域、跨领域市场监管会商制度和全方位协作机制，加强对市场监管工作的总体统筹，提高市场监管政策执行的协同性。搭建跨区域、跨领域市场监管会商平台，建立经常性和临时性会商响应机制。完善跨行政区域执法协作及信息共享机制，建立重大监管事项通报制度，加强市场监管信息共享，健全联席会议、线索通报、证据转移、案件协查等制度。鼓励跨行政区域联合发布统一的监管政策法规及标准规范，积极开展联动执法，创新跨区域联合监管模式。鼓励毗邻地区建立区域市场监管信息交流机制和数据交换机制，加强市场监管政策措施、工作信息、情报线索等方面的沟通和交流，定期开展政府间监管数据交换。

加强重点领域市场监管合作。在全国范围内推动诚信记录共享共用，加强信用建设区域合作，鼓励经济发展水平接近的区域开展跨区域合作，在交通、环保等重点领域建立跨区域联合奖惩机制。聚焦公共服务、食品药品安全、城市管理、全域旅游、生态环保、安全生产等领域，实行失信行为标准互认、信息共享互动、惩戒措施路径互通的跨区域信用联合惩戒制度。建立“行业+区域”安全生产和应急管理协作机制，推动安全生产跨区域共建共治。结合重点危化产业集聚情况，加强安全监管跨区域经验交流，建立区域监管措施联动机制。建立跨区域打击危化品非法生产经营长效机制，建立跨区域舆情监控和应急处理机制。建立健全区域网络监管协作机制，持续推进全国网络监管一体化。建立跨区域网络相关违法案件协查机制，加强调查取证和案件处置合作，化解跨区网络交易中的行政管辖权矛盾。建立网络消费者权益保护协作机制，加强跨区域消费警示、提示信息发布合作，开展跨区域消费投诉协同处置。统一区域重污染天气应急启动标准，开展区域应急联动。充分发挥相关流域管理机构作用，强化水资源统一调度、涉水事务监管和省际间水事协调。共同开展环境保护、食品药品安全、产品质量安全预警和风险评估方面的合作，强化环境联防联控、食品安全监管、知识产权保护等领域的执法联动。积极推进海关区域执法合作，防范和打击侵权假冒违法主体实施口岸“漂移”。加强工商（市场监管）、知识产权、海关、邮政部门在重点环节打击侵权假冒的执法协作。

（三）确保各类信用信息共建共享

统一各主体信用信息标准，推进各部门信用信息共享。进一步巩固全国信用信息平台建设成果，充分利用“互联网+大数据”的征信体系，对市场主体进行多维度信用评价，务求信用评价结果的联合运用取得实效。鼓励公共部门利用信用评价结果广泛开展跨部门的守信联合激励和失信联合惩戒合作，强化重点领域失信黑名单和禁入名单的互联互通。

（执笔人：刘方）

参考文献

白重恩，杜颖娟，陶志刚，仝月婷. 地方保护主义及产业地区集中度的决定因素和变动趋势[J]. 经济研究，2004（4）.
毕吉耀，原倩. 建设现代化经济体系[J]. 宏观经济管理，2018（10）.
陈甬军. 解决地区间市场封锁问题的历史与国际经验回顾[J]. 财经智库，2016（5）.
丁子信. 以高标准市场体系促新发展格局形成[N]. 经济日报，2020-12-02（11）.
樊纲，王小鲁，余静文. 中国分省市场化指数报告（2019）[M]. 北京：社会科学文献出版社，2020.
范欣. 中国市场分割的性质及效应研究[D]. 长春:吉林大学，2016.
关欣. 竞争政策有助于构建统一市场和公平竞争的市场体系[N]. 经济参考报，2021-06-15.
胡敏. 高质量发展要有高标准市场体系[N]. 学习时报，2019-12-11（1）.
刘世锦. 关于发展现代市场体系的两个问题[N]. 国家行政学院学报，2014（4）.
刘翔峰. 高标准市场体系是形成国内统一大市场的重要制度基础[N]. 经济参考报，2021-02-2.
刘志彪. 建设国内统一大市场的重要意义与实现路径[J]. 人民论坛，2021（1）.
刘泉红，杨志杰. 行政性垄断行为的表现、成因及对策[J]. 中国物价，2013（12）.
刘志成. 构建国内统一大市场的方法路径[N]. 经济日报，2021-06-16.
刘方. 推进创新券跨区域通用通兑的政策建议[J]. 当代经济管理，2021（7）.
李皓东. 我国统一市场建设存在问题与深层次原因研究[J]. 中国经贸导刊，2021（1）.
任兴洲，王微，王青等. 建设全国统一市场路径与政策[M]. 北京：中国发展出版社，2015.
沈国兵. 积极建设要素市场化配置、国内国际竞争有序的统一大市场[J]. 中国经贸导刊，2021（2）.
王昌林. 扎实推进现代化经济体系建设[J]. 中国经贸导刊（理论版），2018（2）.
王小龙，李斌. 经济发展、地区发展与地方贸易保护[J]. 经济学季刊，2002（1）.
魏后凯. 促进区域协调发展的路径分析[N]. 经济日报，2021-03-18.
银温泉，才婉如. 我国地方市场分割的成因与治理[J]. 经济研究，2001（6）.
臧跃茹，郭丽岩. 新时代亟待加快建设与现代经济体系相适应的现代市场体系[J]. 中国物价，2017（12）.
周黎安. 晋升博弈中政府官员的激励与合作[J]. 经济研究，2004（6）.

第三章

建设高标准要素市场
不断提高市场配置效率

内容提要：高标准要素市场建设是高标准市场体系建设的重点、难点和突破点。面向2035年，经济社会发展呈现新趋势，对要素市场建设提出新要求。主要表现为：经济增长方式由劳动、资本密集型向知识经济、自主创新转变，对资本和人力资源市场提出新挑战；经济社会由高能耗模式向低碳经济转型，为资源环境权益市场带来新机遇；经济形态由工业经济向数字经济、平台经济演进，对数据要素市场建设带来新机遇；产业结构由工业为主转向服务业与“三新”经济，对劳动力市场建设提出新要求。

面对新的发展趋势，我国要素市场建设还存在一些短板和问题，主要表现为：资本市场未能匹配新技术和新工业形态发展，股权投资市场不发达，适应科技创新、能够有效分散风险的储蓄产品不发达，技术市场技术创新供给不足。资源环境权益市场制度设计复杂，市场制度尚未建立健全；市场相对封闭，交易对象和市场主体范围受限；市场交易量小、活跃度低，长期有萎缩趋势。数字要素产权界定制度尚不完备，数据定价机制难题待解，数据保护仍待加强。劳动力自由流动与转换受限，地区之间市场协同效应不足。对此，建议多措并举，建设适应知识经济、服务创新的资本市场和技术市场；建设服务低碳经济、交易活跃的资源环境权益交易市场；建设服务数字经济、安全可靠的数据要素市场；建设适应产业结构转型与新经济、促进资源流动的劳动力和人力资源市场。

改革开放40多年来，我国商品市场得到极大的发展和提升，但要素市场改革推进滞后、困难重重。面向2035年，我国力争从中等收入国家迈向高收入国家，从制造型国家向创新型国家迈进，对要素结构升级和要素配置效率的提升提出更高更迫切的要求。未来一段时期，需加快推进要素市场改革，构建适应创新型国家需要的高标准要素市场。

第一节　高标准要素市场的重要特征

一、要素结构高级化

在要素结构方面，高标准要素市场具有三个方面的重要特征。

一是各要素子市场之间的结构升级。从总体来看，要素市场由劳动力、资本密集型转向更高级的知识、技术要素密集型。标志着要素市场所在经济体的要素禀赋不断升级。

二是要素子市场内部的结构升级。对于劳动力市场，由体力劳动者构成的劳动力市场不断向知识、技术型人才占主导地位的人力资本市场过渡。对于资本市场，由银行占主导地位的信贷市场向股权基金、风险投资基金占比越来越大的股权资本市场发展。标志着要素市场所在经济体由传统制造型向科技创新型的转型。

三是数据、资源环境权益等新型要素交易规模不断壮大。对于数据要素市场，数据使用权、数据衍生产品、数据服务等交易对象不断丰富。对于资源环境权益市场，用能权、碳排放权、排污权、水权、节能量等交易对象和工具不断涌现。交易范围从地方市场发展为全国性市场甚至跨国市场。

二、市场制度先进完善

一是构建起新型要素交易的制度规则体系。高标准要素市场拥有健全的数据要素、资源环境权益交易制度规则，交易对象产权明确、标准化可计量，能够以较低的交易成本实现要素的交易和配置。

二是具有成熟的风险防范和交易者保护制度。能够有效防范内幕交易、信息欺诈、价格操纵和系统性风险，保护交易者权益和市场运行安全。

三、市场基础设施高效互联

高标准要素市场拥有国内外互联互通的资产登记托管系统、清算结算系统、支付系统、基础征信系统等金融市场基础设施。交易平台智能化、信息化、高速化。

四、市场运行机制畅通有效

一是价格机制能够有效反映和调节市场供求状况。不论是市场自由竞价，还是政府定价或政府指导价，都能使要素在价格机制的作用下跨区域自由流向生产率最高的部门和企业，实现要素配置的帕累托最优。

二是竞争机制能够充分有效地发挥作用。市场主体能够在全国各地的要素市场上公平竞争、公平交易，不受行政力量和所有制属性的限制和干预。

第二节　面向2035年的要素市场发展新趋势与新要求

一、经济增长方式由劳动、资本密集型向知识经济、自主创新转变对资本和人力资源市场提出新挑战

望向2035年，我国经济增长方式将从基于劳动力和资本积累的投资驱动型增长转向知识、科技和创新驱动的高效率增长。我国现已进入创新型国家行列，根据我国提出的远景目标，到2035年，我国将进入创新型国家前列，到2050年将成为世界科技强国。这就意味着，我国将从模仿创新彻底转向自主创新。

自主创新要求我国建立与创新体系相匹配的资本市场。

首先，科技自主创新要求培育股权投资市场。自主技术创新具有高研发投入、高失败风险等特点，天使投资、风险投资等广义股权投资比银行贷款更适合支持自主创新。望向2035年，我国股票市场需完成从投机型市场向服务科技企业自主创新、服务实体经济发展的资本市场的转型。

其次，由于自主创新具有不确定性和多样性，需要发挥市场在资本要素配置中的决定性作用。资金来源方面，需要金融市场提供能够分散风险的投资工具。资金流向方面，需要发展服务中小企业的信贷市场，实现信贷市场的所有制中性。

最后，知识经济加速了我国劳动力市场由数量型向质量型转变的进程。目前，我国技能劳动者超过2亿人，占劳动人口总量的26%。其中，高技能人才5000万人，占技能人才总量的28%。相比之下，德国、日本等国高技能人才占技能人才的50%左右。未来一段时期，我国将进入高技能人才占比持

续提高的阶段，要求劳动力市场向更好服务高技能人才转型，为高技能人才的供需精准匹配、个性化和高水平就业服务。

二、经济社会由高能耗模式向低碳经济转型为资源环境权益交易市场发展带来新机遇

现阶段，我国能源消费总量约占全球一次能源消费总量的24%。我国经济的巨大规模使得我国不能模仿发达国家曾采用的高能耗、高投入的增长方式，全球没有足够多的自然资源和环境容量来支撑我国的高能耗增长方式。近年来，我国面对的资源约束趋紧、环境污染严重、生态系统退化等挑战日益严峻，需要通过市场将稀缺的环境资源配置到投入产出效率最高的领域，以最小的环境成本获得最大的增长，实现低碳发展模式。

碳达峰、碳中和目标愿景的提出使得绿色发展成为未来40年中国经济社会发展的主基调。“十四五”时期，我国生态文明建设进入以降碳为重点战略方向、实现生态环境质量改善的关键时期。需要加快建设、培育和发展碳交易市场、用能权市场等资源环境权益交易市场，对建立绿色低碳循环发展的经济体系，实现碳达峰、碳中和目标愿景形成有力支撑。

三、经济形态由工业经济向数字经济、平台经济演进对数据要素市场建设带来新机遇

数字技术革命被认为是继蒸汽革命、电气革命、信息革命之后的第四次工业革命。现阶段，全球数字经济方兴未艾，我国数字经济发展空间巨大。根据中国信息通信研究院的报告，2018年，我国数字经济占GDP比重为34.8%，国际排名第九，而美国、英国、德国数字经济占GDP比重都超过60%。数字经济发展需要建设制度完善、活跃度高、数据安全保护健全的数据要素交易市场，加快数据要素流通交易，实现数据要素的高效公平配置，

夯实数字经济发展的市场基础。

平台经济下，生产方式由独立生产向联合生产转变。在互联网与数字技术的支持下，基于大型平台的多对多联合生产模式加速发展。各类生产要素、各种生产性服务的提供方和需求方在大型生产平台上进行智能匹配和提供。生产全过程在平台上进行，生产所需的全部生产要素实时接入。这一趋势打破了传统的技术、资本、劳动力要素子市场“各自为政”的格局，要素子市场“跨界”发展、融合发展甚至全要素市场的出现成为可能。

四、产业结构由工业为主转向服务业与“三新”经济对劳动力市场建设提出新要求

从产业结构来看，我国正经历从工业社会向后工业社会转变的关键时期，并出现了一些不同于发达国家后工业化过程中的特征。主要表现为生产性服务业的迅猛发展和制造业与服务业的融合发展。同时，产业结构内部构成也出现一些新的变化。“三新”经济如火如荼。物联网、大数据、云计算广泛应用，“互联网+”“智能+”等催生的新产业、新业态、新模式迅猛发展。在此趋势下，劳动力供需出现一些新的特征。

一是工作安排去组织化、平台化。许多劳动者不再作为“单位人”来就业，而是以平台上指派的需求而自主选择工作，通过信息技术、各类平台或是与市场细分领域的连接，来实现个人与工作机会的对接，其工作过程接受平台的监管，如滴滴打车的司机、外卖骑手、家政服务人员等。还有具备一定专业知识、技术、技能的自由职业者，比如自由撰稿人、自由艺人、咨询师、码农、SOHO族等。还有一些依托于社群经济的自由职业者，一些自由职业者通过社群，例如读书、亲子、手游、cosplay等，生产和发布高质量的娱乐视听作品、文章、服务等，通过扩大影响力来吸引广告商家或发展社群经济以获得经济回报。

二是供需关系灵活化、工作碎片化。在服务型劳动力市场中，劳动力将被分割和细化为以小时或任务计算的单位进行交易，更具有即时性，对交易时间和交易效率提出更高的要求，劳动技能和需求更加多样化、个性化和具有创新性，对市场的识别、搜寻、匹配、撮合交易服务提出更高的要求，需建设灵活用工、弹性就业、共享用工、在线用工的新型劳动力市场。以“威客”模式为例，“威客”群体通过互联网运用自己的技术、知识、能力完成任务，换取收益。一些公司将工作分解为碎片化的任务，如程序开发、广告设计等，通过互联网公开发布，集合网络“威客”共同完成。

第三节　建设高标准要素市场存在的短板

一、知识经济、自主创新趋势下我国资本和技术市场的短板

（一）我国资本市场尚不成熟，未能匹配新技术和新工业形态发展

我国资本市场上大量资金追逐新技术炒作套利、资本无序扩张问题显著。一些主打新概念的上市企业备受资本追捧，而真正有价值、有成果的技术却得不到资金支撑。大量资本追求短期收益最大化，炒作新技术概念和国家战略导向产业，资本快进快出，不断制造出过山车式的行情，对需要长期投资的实体产业造成伤害，不利于创新能力的提升。还有相当数量的资本进入金融科技领域，非但没有对科技创新产生显著作用，反而利用金融科技领域的新兴技术实现资本的大幅无序扩张，形成垄断势力，挤垮大量中小市场主体。我国股市投机严重，大股东操纵股价、大肆侵害中小股东利益，不利于形成服务自主创新的中长期、投资型资本市场。

（二）股权投资市场不发达，大量中小科技创新型企业融资困难

我国股权投资市场发展不充分，权益类融资在我国非金融企业外部融资

中的占比不超过10%。大部分股权投资集中于成熟期和准上市企业，专注于种子期、初创期的天使投资仍旧稀缺，后者正是自主创新最需要资金支持的阶段。

（三）适应科技创新、能够有效分散风险的储蓄产品不发达

科技创新型企业由于缺乏稳定的现金流、产品的异质性强、市场前景不明、创新存在很大的不确定性和失败风险，使得传统的储蓄工具及其形成的银行贷款不适合成为科技创新型企业的资金来源。我国缺乏既能够吸引大量储蓄又能通过产品设计来有效分散投资风险的金融产品和工具。现阶段绝大多数创新融资依靠股权投资市场，资金来源和市场规模有限。

（四）技术市场技术创新供给不足

现阶段我国科技成果转化率约为10%，显著低于发达国家40%的平均水平。较低的成果转化率造成市场上的技术创新供给偏少。大量的技术创新内化于企业内部，市场交易偏少，技术外溢效应不足。高校和研究机构的科研成果转化仍受制科研管理体制的制约，市场导向型创新激励不足。

二、低碳经济趋势下我国资源环境权益交易市场的短板

资源环境权益交易市场包括排污权交易、碳排放权交易、水权交易、节能量交易、用能权交易等子市场。其中，排污权交易是对一定区域 内的污染源设定年度总排放上限，将总量以许可证形式分配给排污主体，排污主体将多余未使用的许可证在市场上进行交易。用能权交易是在能源消费总量控制的背景下，用能主体经核定或交易取得在一定年度内可使用和投入生产的能源消费量指标。用能主体可在规定期限内对用能权进行转让和抵押。

（一）市场制度设计复杂，现阶段市场制度尚未健全

全国资源环境权益市场的构建需要一系列的“基础设施”。资源环境权益的度量和确认是其中的关键之一。资源环境权益的度量难度远远超过传统

要素。作为一个市场交易品，必须可测量、可报告、可核认。以碳排放为例，“碳”的核算从属于能源，作为一种化石能源燃烧的伴生品并不完全独立。如果不能通过计量和计算使其具备“同质性”，那么碳排放交易必然会“劣币驱逐良币”，导致市场失败。在英国，碳排放交易不是以碳为计量单位的交换品，而是采用市场交易精确的电当量作为结算品。即使如此，由于电力生产中涉及化石能源、核能和可再生能源，电力使用的碳排放系数的精准计算仍存在一定的困难。我国对碳排放的统计、监测和确认能力仍需提升。

再以用能权为例，用能主体的能源消耗和能效基础数据是用能权初始确权的基本。目前能耗基础数据由用能主体自行计量，自行选择第三方机构进行审核，这使数据的可比性和准确性存疑。

（二）市场相对封闭，交易对象和市场主体范围受限

开放、竞争的市场才有效率。目前我国的资源环境权益市场相对封闭。从交易对象来看，不少资源环境权益市场只是有限产品的交易。例如，碳排放权交易只涉及化石能源，可再生能源如果是一次电力只是隐含在电网的排放系数中，并不直接参与交易。由于计量过于复杂，可再生能源、碳汇等大量优质产品尚难以进入碳排放权市场。从市场主体来看，碳排放权市场只包括工业，没有将服务业纳入市场；且工业中只包括钢铁、电力、化工、建材、造纸和有色金属等能源消耗大户行业，众多“小户”没有涵盖。节能量市场参与者只包括政府根据年度区域节能目标选择纳入节能量交易体系的单位范围。

（三）市场交易量小、活跃度低，长期有萎缩趋势

1. 市场供需受制于初始分配

以碳排放为例，如果初始碳配额发放偏多，则用能主体没有提高能源利用效率的压力和动力，用能主体有配额结余，市场需求疲软。如果初始配额发放偏少，许多用能主体正常生产的能源需求难以满足，不得不在市场上大

量购买，会导致碳排放权价格高企，加重用能主体负担，背离市场建设的初衷。我国与国际社会、中央政府与地方政府、地方政府之间、政府与企业存在多重博弈，受经济、政治、环境、社会多重因素制约，初始配额的确定和分配更难达到最科学合理的状态。

2. 多数资源环境权益，比如碳排放权、排污权、用能权等作为一种“恶品”，需要不断压缩总量或定额管控

通过不断地减少权益总量，以达到减少温室气体排放、污染物排放和化石能源消费等政策目的。作为一个初始市场容量偏小、交易对象和市场主体范围有限，市场制度建设难度大，后期交易总量又人为不断压缩的市场，资源环境权益市场的建设与发展举步维艰。

（四）用能权市场建设滞后

目前排污权交易、碳排放权交易、水权交易、节能量交易等制度在国内外有一定的实践经验，但用能权交易制度在国内外并无先例。此外，用能权市场与碳排放权市场、节能量市场存在一定的制度重复建设，同一个用能主体如果同时被纳入用能权市场和碳排放权市场，则该用能主体的同一个用能行为会受到用能权指标和碳排放指标的双重约束。不同子市场的制度衔接需要进一步理顺。

三、数字经济趋势下我国数据要素市场建设存在的挑战

（一）数据确权与交易制度建设需加快推进

数字要素产权界定制度还不完备。现有法律对数据要素权属的规定仍然是原则性的，对数据要素所有权、使用权和收益权均没有明确的界定，不能对数据要素产权、知识产权及其收益权进行充分保护。数据要素的开放、流通、交易相关制度建设仍需加快。数据产品标准化仍是数据交易领域面临的难题。目前对不同类型的数据产品缺乏相应的基础标准、数据处理标准、数

据安全标准、数据质量标准等，影响数据在市场上的高效流通。

（二）数据定价机制难题待解

一是即使是同样的数据，由于数据来源不同，数据收集和加工的成本各不相同。二是数据对于不同需求方的主观价值也有所不同。三是数据具有时效性，数据的价值会随着数据需求方对该数据需求的紧迫性而发生变化。数据所具有的上述特性使得数据定价机制的确立存在一定的难度。[1]

（三）数据保护仍待加强

数据信息保护不利。一些企业利用信息技术手段大量挖掘和收集用户数据和信息，用户数据信息泄露事件多发。政府向企业任意或变相索要数据、相关数据在使用后未及时销毁等情况广泛存在。数据侵权行为的惩处力度偏弱，惩戒效果有限。《数据安全法（草案）》中规定，“不履行数据安全保护义务或者未采取必要的安全措施的，处一万元以上十万元以下罚款，对直接负责的主管人员可以处五千元以上五万元以下罚款；拒不改正或者造成大量数据泄漏等严重后果的，处十万元以上一百万元以下罚款，对直接负责的主管人员和其他直接责任人员处一万元以上十万元以下罚款”。相比之下，欧盟《通用数据保护条例》（*GDPR*）中最低一档的最高处罚金额也达到1000万欧元或公司全球2%的营收。

四、产业结构转型与“三新”经济发展趋势下我国劳动力和人才市场存在的短板

（一）社会保障和福利未能在地区和职业之间自由转移，制约劳动力在部门之间、行业之间的自由流动

城镇劳动力、体制内劳动力享有的部分社会保障和福利无法随着劳动者

[1] 上海立法探索构建数据交易制度 专家学者表示数据交易仍有多项实践难题待解［N］. 民主与法制时报，2021-10-27.

工作转换而转移，导致市场上大量紧缺的人才留在体制内，体制外单位的人才需求长期难以满足，大量人力资源未能充分实现其价值，劳动力资源配置效率难以提高。

（二）对新经济、新形态就业的劳动者权益保障成为新的挑战

一些第三方平台利用其市场支配地位和技术手段对劳动者通过平台获得的收入所得抽取高额佣金或减少劳动者单笔业务的收入。例如，一些家政服务平台对家政服务人员收入抽取比例高达30%的佣金，部分第三方外卖平台和快递平台任意降低骑手、快递员配送费用。如何防止处于优势地位的平台利用市场力量侵害处于弱势地位的劳动者，成为建设新型劳动力市场面临的新问题和新挑战。

（三）西部欠发达地区依靠传统的要素配置方式难以吸引知识和技术型人才，地区之间的市场协同效应不足

欠发达地区和边远地区的技术创新供给和需求都较低，难以通过自身力量和传统的雇佣模式聚集技术要素资源，提升市场体量和集聚度。大量的技术被发达地区所“虹吸”，不同地区的技术市场之间未能形成协同效应、互补效应和带动效应。

第四节　建设高标准要素市场的战略目标

一、“十四五”目标

坚持深化市场化改革，破除阻碍要素自由流动的体制机制障碍，扩大要素市场化配置范围，健全要素市场体系，推进要素市场制度建设，推进资本要素市场化配置，建立健全数据、知识、技术要素市场化配置机制，推动劳动力要素有序流动。力争到2025年，实现要素价格市场决定、流动自主有

序、配置高效公平。

二、面向2035年中远期目标

到2035年，全面建成高标准要素市场体系。建成覆盖资本、劳动力、技术、土地等传统要素和涵盖数据、资源环境权益等新型要素的 全品类要素市场。在全球范围内具备效率优势、竞争优势、制度优势和引领作用，为创新型国家建设和经济高质量发展提供有力的要素支撑。

第五节　建设高标准要素市场的政策建议

一、建设适应知识经济、服务创新的资本市场和技术市场

（一）建设支持科技创新的中长期股权投资市场

引导资本从短期行为向中长期投资转化，建设覆盖技术培育、发展、收获、转型各阶段全方位支撑的资本市场。大力培育创业投资市场，完善创业投资激励和退出机制，政府资金多支持、多让利，引导天使投资人群体、私募股权、创业投资等扩大对科技创新型企业的股权融资，更多地投长、投早、投小、投创新。

（二）大力强化投资者利益保护制度

大力强化对IPO环节和已上市公司的信息披露要求和审核力度，加大对内幕交易、股价操纵、财务造假的惩罚力度。健全退市制度和股票市场民事损害赔偿制度。因财务造假、大股东恶意过错导致的公司退市并造成投资者利益损失的，应由大股东、中介机构、公司主要管理人、相关财务人员承担对投资者的赔偿责任。

（三）引导建立支持技术研发的多层次投资渠道

加大普惠型科技创新资金支持力度。鼓励各地加大科技创新专项资金支持力度，用于普惠型科技创新投入。通过政府引导基金、银政企合作贴息、知识产权质押融资风险补偿基金、科技信贷基金、科技和知识产权保险资助等方式，支持技术创新。提高企业部分研发费用加计扣除比例。

（四）着力增加技术市场的科技供给

切实使企业成为应用技术的创新主体。完善科技成果转化机制。强化应用技术研发过程中的市场需求导向，切实减少科技成果转化过程中的繁文缛节。加大科研资源支持力度。畅通国家科研资源开放渠道。推动国家重大科研基础设施和大型科研仪器向高新技术创新型企业开放。各级政府组织实施科技创新、技术转化等项目时，要平等对待不同所有制企业。鼓励企业组成联合体，共同参与国家产业创新中心、国家制造业创新中心、国家技术创新中心、国家工程创新中心等国家级创新平台建设，参与国家重大科技战略和重大技术创新项目。

二、建设服务低碳经济、交易活跃的资源环境权益交易市场

（一）着力健全市场制度

一是加快推动和完善资源环境权益交易的初始确权。科学量化核算地区用能权、碳排放权等权益总配额。在初始确权过程中体现行业差异和企业个体差异，以创造用能权配额的交易空间。

二是着力提升我国对资源环境权益的统计、监测和确认能力。建立健全用能权监测、报告、核查技术体系，制定统一的用能数据核算标准、指南、操作细则，统一用能数据报告格式，统一建设用能数据报送信息系统。建立“第三方审核机构+政府监管机构抽查”制度，保障用能数据的可比性和准确性。

三是制定相关法律法规与实施细则。制定用能权、碳排放权有偿使用和交易相关法律，明确用能权、碳排放权的法律地位，明确资源环境权益市场交易、监测、核查、信息公开和监管等法律责任。制定用能权、碳排放权有偿使用和交易实施细则。

四是鼓励试点地区进行差别化探索、敢于创新，建立激励和容错机制。在试点基础上，用三到五年在全国范围内推广。

五是理顺用能权交易、碳排放权交易、节能量交易之间的制度衔接，避免市场主体重复购买碳排放权、用能权等资源环境权益要素。

（二）不断拓展市场主体和交易对象的覆盖范围

不断创新和丰富交易对象、计量和确权方法，将可再生能源、碳汇等优质产品纳入碳排放权市场。逐步将服务业和农业企业纳入用能权、碳排放权市场。逐步将中小市场主体纳入资源环境权益市场。逐步将资源环境市场由地方试点市场扩展为地区性、全国性交易市场。

三、建设服务数字经济、安全可靠的数据要素市场

（一）积极培育市场主体

探索建立负面清单和第三方机构认证评级相结合的数据要素市场准入管理制度。支持引导电信、金融、交通、信用、消费互联网、工业互联网等数据密集型行业平台和企业积极参与数据要素市场交易。

（二）创新数据交易模式

建立分散与集中、线上与线下有机结合的数据交易组织方式，培育壮大一批综合性大数据交易中心和专业性大数据交易平台，开展面向场景应用的数据交易市场试点，鼓励大数据交易平台之间、产业链上下游之间进行数据交换和互联互通。

（三）建立健全数据要素市场交易制度与规则

创新数据资产估值、数据交易定价、数据成本和收益计量等方法，完善数据交易的技术保障、检测认证、风险评估、信息披露和监督审计等相关制度，规范数据资产交易流通行为。加强数据交易标准建设，建立完善数据资源及应用分级分类标准化制度体系。加强数据标准研制、试验验证和试点示范，构建大数据标准化创新和服务生态，提升数据资源价值和数据产品质量。

四、建设适应产业结构转型与新经济、促进资源流动的劳动力和人力资源市场

（一）建设灵活用工、弹性就业、共享用工、在线用工的新型劳动力市场

推动“互联网+”等新兴信息技术在人力资源市场广泛应用，提高识别、搜寻、匹配、撮合交易服务的效率。加快建设一批有规模、有辐射力、有影响力的人力资源市场交易平台。建立健全平台经济下的人力资源市场监管体系，强化对互联网数字平台的社会性监管，保护劳动者合理薪酬、社保福利待遇等合法权益。

（二）建设更好服务科技创新的人力资源市场

发挥人力资源市场促进人力资源优化配置作用，推动“人口红利”向“人才红利”转变。实施急需紧缺人才目录开发项目，引导人才向创新发展亟须领域流动。围绕国家重大发展战略、重点工程和重大项目等实施特殊急需人才配置的专项支持。做好特殊急需业务骨干和基础人才的配置服务工作。简化优化调配工作流程，提高调配工作效率。

（三）鼓励中西部地区建立高级人才“柔性引进”方式

实施西部地区、东北地区人力资源市场建设援助计划，允许和鼓励高级

人才通过兼职、项目合作、合作办学、专项咨询服务等多种形式为中西部地区提供智力服务。放开对高级人才兼职、项目合作、办学等行为的限制。建立健全人才顺畅流动配置机制。着力破除人才流动障碍，简化优化流动人员人事档案管理服务工作，促进人才合理流动有效配置。

（执笔：周适）

参考文献

黄益平，陶坤玉. 中国外部失衡的原因与对策：要素市场扭曲的角色[J]. 新金融，2011（6）.
王微，王青. 加快要素市场化改革：构建高标准市场体系的关键举措[J]. 中国经济报告，2020（4）.
胡敏. 高质量发展要有高标准市场体系[N]. 学习时报，2019−12−11（001）.
刘世锦. 构建高标准要素市场体系 发挥配置资源决定性作用[N]. 经济日报，2020−04−11（004）.
裴庆冰. 我国用能权交易与其他资源环境权益交易制度比较研究[J]. 工业经济论坛，2017（2）.
潘家华. 碳排放交易体系的构建、挑战与市场拓展[J]. 中国人口，2016（8）.
曾铮，王磊. 数据要素市场基础性制度：突出问题与构建思路[J]. 宏观经济研究，2021（3）.
周适. 高标准市场体系建设研究[J]. 中国物价，2021（8）.

第四章

实施高水平市场开放
积极参与全球经济治理

内容提要： 高水平市场开放是高标准市场体系建设的应有之义，有助于我国对外开放与国内改革的更好结合，是我国参与全球经济治理的重要桥梁。本章内容指出，市场开放应是包括对国内民营经济与对国外外资经济的两方面的开放。本章用福利学第一定理、规模经济与范围经济以及外部性等理论分析了市场开放，研判了国际上重点关注如何解决影响全球货物和服务贸易流动障碍问题的市场开放国际趋势，分析了我国高水平市场开放面临的问题与原因。在此基础上，提出了我国实施高水平市场开放应坚持处理好政府与市场的关系，利用好两个市场与两种资源的总思路，在确保国家安全的情况下不断提高我国市场开放水平，实施制度型开放。

市场体系是市场配置资源的载体。改革开放以来尤其是党的十八大以来，我国社会主义市场经济得到了大力发展，党的十八届三中全会进一步提出市场在资源配置中起决定性作用的市场决定论断。但是，当前我国社会主义市场经济体制仍在产权保护、公平竞争、要素市场化等方面存在诸多问题。为此，党的十九届四中全会提出以建设高标准市场体系来加快完善我国经济体制，党的十九届五中全会进一步系统论述了高标准市场体系的内涵，指出高标准市场体系是一个高效率运行、高质量配置、高水平监管的市场体系，形成平等准入、公正监管、开放有序、诚信守法的市场体系。开放是现代市场经济的重要特征。高水平市场开放是建设高标准市场体系的客观要求。

一是高水平市场开放是高标准市场体系建设的应有之义。构建高标准市场体系的实质是落实中央提出的使市场在资源配置中起决定性作用，遵循市场经济基本规律，高水平市场开放是其应有之义。

二是高水平市场开放有利于更好地结合扩大开放与深化改革来促进高标准市场体系建设。扩大开放与深化改革是相辅相成、相互促进的关系，两者是构建高标准市场体系的重要抓手。

三是高水平市场开放是我国参与全球经济治理的重要桥梁。当前，WTO改革陷入停滞，发达国家纷纷转向区域性经贸规则制定领域，影响国际贸易的主要因素从原先的“边境”政策转向当事国的国内政策范畴，统筹考虑政策外溢效应的高水平市场开放，将是我国参与全球经济治理的重要桥梁。

第一节　实施高水平市场开放的理论分析

一、市场开放内涵

市场是目前最为有效的资源配置方式，主要以厂商利润最大化与消费者效用最大化为约束，通过竞争、供求与价格等三大机制来配置资源。市场经济在发展的过程中，从厂商角度看，厂商为了实现利润最大化，必然要求在全世界范围内采购生产资料以实现成本最小化，并将生产的商品与服务在世界范围内销售以实现收益最大化。因此，成熟的市场经济理应具备统一开放竞争有序的特征。

从市场开放的对象来看，当前我国市场开放包括两个方面内涵。

一是对国内民营经济的市场开放。我国市场经济是由计划经济转轨而来，采取的是渐进式的改革策略。当前，我国民营经济在交通、通信、金融等领域仍面临着“玻璃门”“旋转门”“弹簧门”等问题，这不仅限制了民营经济的发展领域，也弱化了相关领域的公平竞争，进而导致经济效率的损失。

二是对外资经济的市场开放。改革开放以来，我国外资经济取得了巨大发展，但在金融、体育、医疗等服务业领域对外开放仍有较大空间。未来，在安全可控的前提下，我们可以通过在服务业领域对外开放中直接吸收国外先进的技术与管理经验，同时利用外资的公平竞争提升国内服务业的国际竞争力。

从市场开放的内容来看，当前我国市场开放包括两个方面内涵。

一是对服务业等领域进行市场开放。经过多年的社会主义市场经济发展，大多数一般竞争性领域已实现了市场开放，造就了我国世界第二大经济体的地位，未来应有序地进一步扩大包括金融、医疗、环保等服务业领域的市场开放。

二是推动规则等制度型开放。当前，WTO改革陷入停滞，发达国家纷纷转向区域性经贸规则制定领域，比如《美墨加协定》（USMCA）、《欧盟-日本伙伴关系协定》（EJEPA）等。在此背景下，影响商品与要素跨境流动的主要政策因素从原先的“边境”政策转向当事国的国内政策范畴，比如，当事国的国内竞争政策、产业政策等将会影响到其微观企业主体，再通过微观企业主体间接地对其他国家造成一定的政策溢出效应。因此，我国应深化竞争规则领域的开放合作，在提高国际话语权的同时促进国际经贸合作。

二、市场开放经济学分析

市场开放可以促进公平竞争，进而提高资源配置效率。由福利经济学第一定理可知，竞争性市场均衡是帕累托最优的。市场开放有助于增加市场内的市场主体来促进公平竞争，市场内的厂商将在激烈的竞争压力下，不断寻找低价生产资料以实现采购成本的最小化，不断改进管理、促进技术进步以实现生产资料的高效利用，在竞争均衡下实现资源配置的帕累托最优。

市场开放具有规模经济效应与范围经济效应。由经济学可知，规模经济与范围经济主要通过摊薄成本来提高经济效益，但两者略有区别，规模经济是指厂商通过扩大生产规模来实现单位产品成本的降低；范围经济是指厂商在生产规模不变的情况下，通过增加产品类别而实现单位产品成本的下降。市场开放有利于为厂商提供较大的需求市场，厂商不仅需要扩大生产规模来满足更多的市场需求，而且需要丰富产品类别来满足众多消费者的多样化需求，由此实现生产的规模经济效应和范围经济效应。

市场开放具有正外部性效应。正外部性是指一个经济主体的经济活动导致其他经济主体获得额外的经济利益，而受益者无须付出相关代价。市场开放尤其是对外资的市场开放，将有利于引进国外先进的管理经验和技术，这些先进管理经验和技术将会在市场内逐渐传播，从而实现整个行业、整个市场的进步。

三、实施高水平市场开放的意义

有利于构建高标准市场体系。高水平市场开放是高标准市场体系的应有之义。高水平市场开放不仅有利于解决长期困扰我国民营经济的市场准入问题，而且有利于与国际市场接轨，完善我国现代市场体系，提高市场化、法制化、国际化水平。

有利于促进新发展格局形成。加快形成以国内大循环为主体、国内国际双循环相互促进的新发展格局，是党中央立足于世界正经历百年未有之大变局，面对中国经济转向高质量发展阶段出现的矛盾和问题，结合自身优势和特点，综合制定的强国战略。高水平市场开放的主要内容是有序扩大服务业开放与推动规则等制度型开放，尤其是制度型开放，将有利于打通国内外市场，利用好两个市场两种资源。

有利于实现高质量发展。高水平市场开放将有利于构建高标准市场体系，有利于促进形成新发展格局。通过促进全球化的市场公平竞争、促进国内外高端要素向我国聚集、促进标准统一来促进商品的全球化流通等，实现经济高质量发展。

第二节　市场开放发展的国际趋势

一、主要经济体对内市场开放发展趋势

市场在一般竞争领域能够实现资源配置的帕累托最优，但在公共产品、外部性与垄断等方面会存在失灵现象，市场还存在周期性的总供求失衡等问题，需要政府进行必要的干预。遵循市场配置资源一般规律，西方发达市场经济体的政府投资主要集中于没有或少有财务收益、投资风险大的公共领域，在全部投资中所占比重很小，目的在于弥补私人投资在提供公共产品和准公共产品上存在的市场失灵。主要经济体对内市场开放的发展趋势为，在一般竞争性领域对私人经济全部开放，同时注重在公共产品领域的竞争环节对私人经济开放。

在公共领域和准公共领域，对私人经济进行广泛的市场开放。由于市场机制在公共产品方面存在失灵问题，以及私人资本在需要大量资本以及收益周期长的准公共产品方面也存在一定的局限，西方发达市场经济体的国有投资都集中在为居民生活、企业生产经营提供必备的公共产品和准公共产品领域。相应地，私人投资则集中在竞争性产品领域。同时，为了维护自由竞争的市场经济体制，以及发挥私人资本在效率和专业等方面的优势，西方发

达市场经济体的私人投资也广泛分布于公共产品和准公共产品领域。美国主张自由市场经济，更注重发挥私人投资的作用，减少政府的干预，在一些传统意义上明显属于公共产品的领域比如国防军工、公共安全、基础科研等领域，都分布有大量私人投资，并且效率较高，竞争力较强。德国与日本也在公共领域和准公共领域吸引私人投资参与，但私人投资在公共领域的分布和所发挥的作用要明显小于美国。

在战略性产业领域对私人经济进行市场开放。在经济发展中的战略性新兴产业以及对本国经济发展较落后区域的战略开发等方面，西方发达经济体的政府除了自身注重投入资金扶持外，都重视发挥私人投资的独特作用。一般情况下，前期由政府投资，商业化后政府转交给私人投资者。例如在互联网、航空航天等战略性产业领域，前期主要由政府或是军方投入进行研发，一旦可以市场化运营，则主要由私人资本投入；或是从一开始就以贴息、关税等手段鼓励私人投资进入。日本作为政府主导型经济发展的代表，在汽车、造船、石化、电子、相机等支柱产业培育发展时期，私人投资在政府财政、金融等政策支持下快速增长，很快发展出一批支柱性产业集团，对支柱性产业的快速成长和经济的快速崛起发挥了重要作用。

市场开放受体制模式和发展历程影响。美国实行的是充分自由的市场经济，注重发挥私人经济的作用，私人投资几乎遍布所有的投资领域，政府投资和国企投资在整个社会投资中的比重较低。而且，由于美国早已完成了全国范围内诸如公共道路交通等基础设施的建设，私人投资在国防军工、教育医疗、基础研究等公共属性明显的领域以及基础性科学研究等领域分布广泛，竞争力强。德国实行社会市场经济模式，政府注重维护本国市场经济的公共秩序，宏观经济政策以适应性调整为主，主动性调控较少，政府投资和国企投资以最小限度地影响社会投资和弥补市场失灵为目标，私人投资很发达，私企竞争力较强。日本则根据其经济转轨、战后经济恢复以及经济结构转型升级的需要，分别采取不同程度的干预政策和干预策略，私人投资受政府政策的影响较大。

二、WTO谈判最新进展

WTO被称为“经济联合国”，于1995年1月1日正式开始运作，其前身是1947年10月30日签订的《关税与贸易总协定》（GATT），其目标是建立一个完整的包括货物、服务、与贸易有关的投资及知识产权等更具活力、更持久的多边贸易体系。但始于2001年的多哈回合贸易谈判，由于各方分歧较大，被迫于2006年终止。多哈回合贸易谈判的八大主要议题包括农业、非农产品市场准入、服务贸易、规则谈判、争端解决、知识产权、贸易与发展，以及贸易与环境等，其宗旨是促进世贸组织成员削减贸易壁垒，通过更公平的贸易环境来促进全球，特别是较贫穷国家的经济发展。此后，WTO各方围绕多哈贸易谈判的主要议题又进行了多次谈判，但至今仍无显著进展，尤其是其中的服务贸易与知识产权领域。虽然WTO目前陷入多哈贸易谈判的僵局，但是WTO在世界贸易中的根基地位仍不可动摇，WTO的使命将会得到延续。

WTO谈判无法取得显著进展的主要障碍为不同发展阶段的利益诉求不一致且WTO自身决策机制存在缺陷。一是各成员方利益诉求不一致。以欧美为主的发达国家希望通过谈判打开广大发展中国家的大门，为其有竞争力的非农产品、服务业拓展更广阔的市场，但又不想在农产品补贴方面作出让人满意的让步，因为其将农业视为国防部门与战略部门。而依靠农业维持经济运营的发展中国家也决不肯在非农产业方面作出让步，使发达国家与发展中国家的利益诉求难于达成一致。二是发展中国家力量不断壮大。在《关税与贸易总协定》存续期间，共举行了8轮谈判，前5轮谈判时长均没有超过1年，谈判成员数量在45个成员方以下。而当前的WTO谈判，参加贸易谈判的经济体达到164个，成员国力量对比不断发生变化，发展中国家迅速崛起，不再被迫接受发达国家的不合理条款。三是WTO谈判中的协商一致原则决策机制存在缺陷。协商一致原则即WTO条款要得到所有成员方的认可才能生效，其设计初衷是为了保证弱小经济体在多边贸易平台上能享有与强大经济体平等的话语权。但随着WTO谈判议题的逐渐深入，各方利益分歧越来越大，协商一致原则已成为WTO谈判的“绊脚石”。

WTO在世界贸易中的根基地位仍不可动摇。据保守估计，世界上75%～80%的贸易是在WTO商定的税率下进行的，98%的贸易受到WTO规则的管辖。WTO的《贸易便利化协定》使货物跨境流动的成本持续降低。贸易成为世界各国抗击新冠肺炎疫情不可或缺的一种手段。WTO秘书处公布的数据印证了疫情期间WTO对全球贸易体系稳定的坚实支撑，促进了防疫物资的进出口。

WTO仍具有生命力，其作为一直在延续。各成员仍以WTO规则为基本准则并加以遵守。美国对中国发起的高调贸易摩擦是一个例外情形。但是，在通常情况下，各成员仍会援引WTO规则证明其贸易措施的正当性，虽然这种正当性有时很弱，偶尔一些成员会不遵守承诺，但有理由相信各成员仍会遵守承诺。全球经济多边合作的历史并没有寿终正寝的一个有力证据在于，各成员还是会诉诸WTO专家组来解决贸易争端，比如美欧之间的波音-空客争端案。

三、区域性国际市场开放发展趋势

在WTO多哈发展回合一次又一次受阻的情况下，WTO成员方的忍耐力在下降，许多国家开始另辟蹊径，各种双边、多边和其他贸易安排的磋商与谈判不断升温，CPTPP（《全面与进步跨太平洋伙伴关系协定》）、RCEP（《区域全面经济伙伴关系协定》）等区域自贸协定先后签署生效。区域自贸协定重点关注如何解决影响全球货物和服务贸易流动障碍问题，例如关税、人员流动限制、知识产权、国有企业、投资和其他相关领域等问题。这些领域涉及正常贸易和投资方面的限制、不一致的法规、多样的知识产权保护法规、不同的劳工和环境标准，具体到小型和中型企业的划分，甚至涉及由于数字技术的迅速发展所带来的新挑战。还通过促进供应链管理的整合，鼓励各国在区域内做到标准和法规的统一。

通过降低关税和放宽非关税的限制促进市场开放。非关税措施是一种涵盖面很广、对贸易造成障碍的措施，表现在进出口许可证、海关估价、歧视性标准、检验检疫、原产地证明、投资管理和政府采购等。目前，一些自贸协定中的许多成员国之间还存在少量的关税和限制性措施，但主要发展趋势是取消几乎所有成员国之间的关税。同时，还将降低与大量的非关税措施有关的贸易壁垒。

通过其成员方之间供应链的发展来形成全面的市场开放。供应链一体化在20世纪末开始不断深化。发达国家的企业，不管是在供应链营销的末端还是处于供应链另一端，比如能够提供关键生产技术的企业，它们的专业知识水平能够对复杂但有价值的供应链发展做出杰出的贡献。供应链也会相应地创造出相互依赖性，加快国与国之间总贸易量的传输。通过发展供应链涉及的货物运输、企业投资和信息传递等，逐渐形成全面的市场开放局面。

关注劳工和环境可持续性发展。在区域自贸协定的发展中，劳工和环境协调标准对成员国来说有重要的影响。这种协调不仅仅使产品达到生产工艺标准，还对社会和环境产生效益，也能够促进成员方内部那些不符合标准的企业不断完善。区域自贸协定要求劳工与环境领域的一国法律与国际标准相一致，并且要求严格执法。环境标准在非法野生动物走私、伐木和捕鱼方面都作了相应的说明，环境标准还对保护生物多样性、保护臭氧层不受破坏以及保护环境产品和服务作出了规定。与贸易有关的产品标准往往只应用于那些发往特定地区的特定产品，并且企业还能选择是否采用这个标准。然而，劳工和环境标准应用于全球所有的产品，包括成员国消费的产品、非成员国家的产品，同时还实行强制性法规限制。

关注知识产权保护。区域自贸协定在某些方面优于世界贸易组织中与知识产权贸易有关的协定。逐步要求对非法商业开发的版权作品进行处罚，减少网上非法版权作品的上传，并且加强保护知识产权。但一些协定规则对知识产权的某些规定也极具争议：支持知识产权保护的人认为，加快投资革新、实施严厉的规则是非常有必要的，而反对知识产权保护的人认为其扼杀了创新，并且会产生一定的垄断租金，担心加大知识产权保护后相关产品的成本费用会提高。

第三节　我国市场开放的现状、问题和原因

一、现状

民营经济已成为国民经济的重要组成部分，呈现出“五六七八九”的特征。改革开放以来，我国不断推进了针对民营经济的市场开放。党的十六大提出了“两个毫不动摇”论断，国务院分别于2005年与2010年颁布了《关于鼓励支持和引导个体私营等非公有制经济发展的若干意见》（简称《意见》，即“非公经济36条”）、《关于鼓励和引导民间投资健康发展的若干意见》（俗称非公经济“新36条”），明确了民营经济的地位和作用，指出了民营经济平等市场准入与法无禁止即可入的市场开放准则。当前，民营经济具有“五六七八九”的特征，即贡献了50%以上的税收、60%以上的GDP，70%以上的技术创新成果、80%以上的城镇劳动就业、90%以上的企业数量，已成为国民经济的重要组成部分。

中国利用外资稳步增长，已成为跨国投资的“稳定器”和“避风港”。改革开放以来，中国利用外资保持稳步增长态势。商务部数据显示，中国实际当年使用外资金额从1983年的9.2亿美元大幅上升至2020年的1443.7亿美元。特别是2020年全球跨国投资受疫情影响大幅下滑的情况下，我国利用外资逆势增长，利用外资规模创历史新高，实现了引资总量、增长幅度、全球占比“三提升”。在利用外资规模持续提高的情况下，我国引进外资结构不断优化。数据显示，2020年我国服务业实际使用外资7767.7亿元人民币，增长13.9%，占比77.7%。高技术产业吸收外资增长11.4%，高技术服务业增长28.5%，其中研发与设计服务、科技成果转化服务、电子商务服务、信息服务分别增长78.8%、52.7%、15.1%和11.6%。

自贸区发展为高水平市场开放奠定了基础。中国对外开放经历了从初期主动加入国际经济分工、学习先进技术和管理以及熟悉国际经济贸易规则的引进国际资本的阶段，到积极参与全球产业链价值链分工、对接WTO国际贸易规则框架体系以及探索创新自贸试验区制度的构建开放型经济新体制的阶段。当前，中国已是WTO成员、RCEP成员国，并将积极申请加入CPTPP。与此同时，我国自由贸易试验区已达21个。自贸区发展实践将有助于我国适应从制造业领域开放向服务业领域开放的趋势，推进货物贸易和服务贸易以及双向投资的协同开放，构建制度适配型体系，形成与开放型经济发展相适应的制度体系和监管模式。

二、问题

民营经济市场准入仍存在“玻璃门”“旋转门”“弹簧门”等隐性壁垒问题。早在2005年2月国务院颁布了《关于鼓励支持和引导个体私营等非公有制经济发展的若干意见》，《意见》第一条规定“贯彻平等准入、公平待遇原则。允许非公有资本进入法律法规未禁入的行业和领域”。关于具体准入投资领域，《意见》规定了允许非公有资本进入垄断行业和领域，如电力、电信、铁路、民航、石油等，允许民营经济取得探矿权、采矿权；此外，《意见》还允许民间资本进入基础设施和公用事业、金融服务业、国防军工业，以及参与国有经济改革和西部大开发等国家战略。受传统计划经济观念影响，社会上仍对民营经济存在一定程度的偏见。民间资本在进入诸如医疗、养老、教育以及基础设施等行业时，往往面临着不公平的行政许可以及资金技术高门槛壁垒，这些隐形壁垒使得民间投资很难实现政策上的公平准入权利。2020年版的市场准入负面清单分为禁止类与许可类两大类，共计123个大项，虽相比2019年版的131项缩减了8项，但对民间资本来说清单仍然过长。取得许可的手续繁杂，前置条件较多，有利于资金技术实力较强的国有资本，民间资本很难真正进入。隐形壁垒还体现在一些政府的招标项目中。一些政府大型项目在招标过程中，对民间资本往往额外设定企业信用等条款，有时甚至直接拒绝民间资本进入。

外商投资负面清单管理的开放性、完整性有待进一步提升，相关配套法制保障不完善。自2015年起，我国对外商投资开始实施负面清单制度，其后每年会对负面清单进行更新。当前，负面清单的限制性条款大多是根据《外商投资产业指导目录》而制定，主要集中在制造业，银行、电信、电力等服务业突破较少。负面清单开放性有待提升。清单涉及的行业门类不够齐全，没有将公共管理、社会保障和社会组织等纳入其中；清单只能做到投资企业和投资项目，而美国实施的是包括直接投资和间接投资的投资宽口径，其中包括金融投资。负面清单完整性有待提升。关于外商投资安全审查，《中华人民共和国外商投资法》（简称《外商投资法》）第三十五条明确规定："国家建立外商投资安全审查制度，对影响或可能影响国家安全的外商投资进行安全审查。"但是，该制度仍存在不足之处，如联席会议的工作机制、权限分配不明确；外国投资国家安全审查因素不完善等。负面清单相关配套法制保障有待加强。

制度型开放中存在限制多、与国外规则差异大等问题。我国在电信、广播、电视、电影与出版等众多领域除了对外资市场准入限制多，还包括竞争壁垒、监管壁垒、政府采购、税收、补贴等方面的限制。在知识产权保护领域与国外规则差异大。一方面知识产权保护范围不够，如对物品组成部分尚不给予外观设计保护；另一方面民事赔偿和刑事处罚力度较小，如商标、版权侵权入刑标准是以情节严重或数额较大等为条件。

三、原因

市场配置资源的决定性作用未得到充分发挥。关于政府与市场的关系，西方发达市场经济也没有一个统一的结论，以美国为代表的自由市场经济认为应该是小政府与大市场，而以日本为代表的政府导向型市场则相对强调较大的政府与较小的市场。关于市场经济中政府与市场孰大孰小的问题，不能只是抽象地根据经济学的概念对两者加以简单定位，必须统筹考虑本国的政府行政能力状况与本国市场主体的经济社会作用。具体到我国而言，一方面我国目前市场开放的情况已不能适应民营经济等市场主体功能充分发挥的需要，民间资本由于找不到好的投资领域，而转向房地产业与股市进行炒房与炒股，既引起了虚拟行业的经济泡沫，又影响了我国经济的转型升级。另一方面我国政府在经济发展中仍然没有完全摆脱传统计划经济全能型政府的观念，政府总是放心不下市场，什么都想管、什么都要管，特别是在遇到重大国际经济风险影响时，政府更是不遗余力地直接绕开市场进行直接配置资源。在此背景下，党的十八届三中全会提出了发挥市场在资源配置中起决定性作用的论断。但近些年的经济发展显示，市场配置资源的决定性作用并没有得到充分的发挥。

现行财税、政绩考核体制加剧了市场分割。1978年之前，我国财政体制实行的是统收统支模式，全国的一切生产销售等经济活动均由政府通过计划手段进行调配。改革开放初期我国实行了“放权让利”改革，以下放经济发展权限，从而调动地方政府与企业发展经济的积极性，但也带来了诸如“央弱地强”的财政结构问题、地方保护主义等副作用。1994年我国推进了新一轮的财税体制改革，一定程度上解决了上次财税体制改革的副作用，但由于财权事权划分不清，形成了“央强地弱”的财政结构，而地方政府由于财权并不能覆盖事权，加上中央财政转移支付不足，仍有较强的地方保护主义财政动机。现行过度重视GDP的政绩考核体制进一步强化了地方政府本土主义与地方保护主义的倾向。在此背景下，地方政府出于财政收入、发展经济以及稳定当地就业等政绩考核需要，往往倾向于保护当地企业，提供诸如低价土地、贷款利息补贴等各种优惠政策，限制区域外企业商品在本地销售，加剧了市场分割现象，导致市场开放不足。

我国现行规则与国际高标准经贸规则仍有差距，制约了制度型开放水平。当前，全球经济发展呈现出“东升西降”的特征，而西方仍掌握着话语权，全球经济治理的本质是规则之争。展望未来，随着全球价值链、贸易链、供应链布局发生深刻变化，美国等西方发达国家将进一步按照高标准以及共同价值观制定全球贸易规则，在争夺主导权的同时，形成对他国的规则壁垒和利益挤压。对比新一轮的国际经贸规则议题，虽然我国在电子商务、竞争政策、国有企业、知识产权保护等方面的改革方向与之一致，但还存在较大差距，在自贸试验区中进行系统性改革探索、实施风险压力测试还不足。在产业准入方面，外商投资准入特别管理措施（负面清单）对部分重要服务业准入和其他限制还比较多，国内市场准入负面清单（2020版）禁止和许可事项还有123项。在签署的区域自贸协定方面，与国际高标准经贸规则仍有较大差距，以《区域全面经济伙伴关系协定》（RCEP）为例，关税承诺水平低于《全面与进步跨太平洋伙伴关系协定》（CPTPP），协定内容未含劳动和环境章节，未涉及跨境数据流动规则，在竞争章节中未涉及国有企业和垄断等内容。

第四节 实施高水平市场开放的思路、路径

一、总体思路

实施高水平市场开放的关键是处理好政府与市场的关系，落实好市场在资源配置中的决定性作用与更好发挥政府的作用，利用好国内外两个市场与两种资源。具体而言，需要推进四个方面的工作。

一是发挥市场在配置资源中的决定性作用，充分发挥民营经济的功能。民营经济具有天然适应市场经济的特性，应消除所有制偏见，充分发挥民营经济促进公平竞争与创新等职能。

二是使国内市场制度体系与扩大对外开放制度体系相结合、形成合力，最大限度地促进全球商品与要素等在我国国内的优化配置。长期以来，我国的国内改革与对外开放协调性不足，相当一部分的制度设计并未充分考虑要素配置的有效性，而是针对某个领域、某个行业甚至直接针对某个经济实体实现具体的目标，这导致在实现具体目标的同时也产生了诸多负面效应，甚至出现“得不偿失”的现象。

三是提高我国国内市场制度体系与全球经贸规则，尤其是与发达国家高级别经贸规则的兼容性，为我国参与全球化创造条件。当前，我国还存在地方保护主义导致的市场分割现象、行政因素导致的垄断现象等，这与全球经贸规则，尤其是与发达国家的经贸规则还有不小差距，如果不加以妥善解决，将会成为我国进一步参与全球化的制度障碍。

四是在深化制度型开放的前提下注重维护国家安全。从经济理论角度

看，全世界最终应完全消除妨碍要素与商品自由流动的制约因素，以便促进全世界范围内的资源高效配置。然而，在国家主权存在的前提下，特定国家往往为了维护其特定利益而置其他国家利益于不顾，比如新冠肺炎疫情导致的防疫物资禁运等。因此我们在深化制度型开放的同时必须要注重维护国家安全。

二、路径

（一）消除对民营经济的所有制偏见，促进对民营经济的市场开放

民营经济在我国的发展有其必然性，民间投资不仅能够拉动经济增长，而且还具有着更高的经济效率；民营经济通过与国有经济公平竞争，还有利于提高国有经济的竞争力，也有利于社会主义基本经济制度的建设。当前民营经济已是我国社会主义现代化建设的重要力量，不是一时权宜之计，更已不再是传统观念中的违法乱纪、信用差以及产品质量低劣等的代表。消除对民营经济的歧视，促进对民营经济的市场开放，需要我们进一步解放思想以及各方的共同努力。

第一，政府要改变传统计划经济的观念，突破计划经济中的所有制偏见，消除经济发展中的不合理意识形态成分，彻底抛弃“重国有而轻民营”的思想观念，进一步解放思想，提高对民营经济等非公有经济的认识水平，依据市场经济原则更加公平地处理国有经济与民营经济之间的关系。

第二，深化财税体制与政绩考核体制改革，消除地方政府市场分割的动力。以事权与财权相匹配的原则深化财税体制改革，从而消除地方政府传统的“大包干”思想；另外要推进现行的政绩考核体制改革，改变原先以经济增长为核心的考核体系，加大经济发展效率与当地生活水平等指标在政绩考核体制中的比重，从而改变地方官员只顾经济发展总量的旧观念，促进对民营经济的市场开放。

第三，营造有助民营经济健康发展的社会氛围。积极宣传党和政府针对民营经济发展的政策、路线以及方针，公正地宣传民营企业合法经营、履行社会责任的行为，大力宣传民营企业家对社会公益事业发展所做出的重大贡献。通过这些公正客观的报道，使广大人民群众认识到我国民营经济的经济作用，从而营造有助于其发展的舆论氛围。

第四，民营企业家要加强对企业的管理，必须加强诚信经营、合法经营意识，提高企业技术水平以及产品的质量水平，规范自身以及企业员工的一言一行等。

（二）创新负面清单管理模式，处理好政府与市场的关系

完善“准入前国民待遇+负面清单”制度。一是在积极推进准入前国民待遇的同时，应拒绝外资“超国民待遇”要求，抵制外资滥用最惠国待遇，坚持内外资企业真正的平等。二是在具有完善的法律条件时，可以考虑进一步精简负面清单。比如2020年版负面清单中禁止投资农作物、种畜禽、水产苗种转基因品种选育及其转基因种子（苗）生产，这一定程度上是法律不健全与执法困难等因素条件下的做法，待法律完善时可以考虑将此条移除出负面清单。三是在精简负面清单时应充分考虑运用不符措施来防范风险。借鉴美国在《美墨加协定》（*USMCA*）等协定中的不符措施做法，针对目前基础较差、但发展空间较大的新兴产业或敏感产业，或者可能反复进入或退出负面清单的产业，保留制定未来不符措施的权力。比如，大数据、人工智能、数字经济等可以在未来不符措施中单独列出。

完善好反垄断执法制度。一是建立完善的区分公共利益行为与市场商业化利益行为的规制，借鉴欧盟的“公共利益抗辩”做法，通过相应的豁免条例来界定国有企业的行为为公共利益范畴。二是完善行政垄断查处制度。行政垄断查处效果不理想主要与现行的体制机制不完善有关。当前，《反垄断法》只赋予反垄断执法部门行政垄断查处建议权，而行政垄断查处主要由

特定行政违法主体的上级机关来执行。出于部门利益原因，行政违法主体的上级机关可能会从轻处罚甚至包庇行政垄断行为。三是还应协调政府文件清理，逐步推动各级政府部门针对反垄断问题展开专项文件清理工作。

（三）发挥大国引领作用，保护环境和劳工权益

积极促进环保商品和相关服务发展。把环境保护融入高质量发展的每一环节，这将有利于我国的低附加值、高能耗、高污染等产业的转型升级，也将有利于向世界展现我国负责任的大国形象。具体来说，可以在消减环境商品和服务贸易壁垒方面先行先试，定期举办环保商品和服务论坛，设立环保商品和服务开发及交易平台，明确政府采购绿色发展理念，制定合理的绿色采购标准和环境认证标准，强化政府采购过程中的环境审核和环境影响评价。此外，还应在野生动植物贩运方面加强管制，出台更加健全的监管、预警和风险防范措施，同时加强国内各省份间、我国同世界其他国家的信息共享与合作。

进一步完善劳工权益保护制度。一是设立劳工权益保护机构并完善相关法规。可参照CPTPP的相关做法，设立一个独立的裁决劳资纠纷的劳动法院；设立一个注册、监督工会和与雇主集体谈判的独立实体。同时，在劳动法中规定，工会代表对雇主投诉是在劳动法院通过无记名投票方式进行。在劳动法律法规中赋予工人集体谈判的权利；禁止雇主支配或干涉工会活动，禁止雇主歧视或胁迫参加或支持工会活动的工人；禁止雇主拒绝与工会就工资、职业卫生等方面问题进行集体谈判。二是确保工会与雇主谈判过程公开、公正和透明。在劳动法中规定，负责注册、监督工会和与雇主集体谈判的独立实体，应确保集体谈判合同是在工会成员自由、秘密的投票中产生并获得大多数工会成员支持，认真核查多数票支持的证据，例如文件（物理或电子的），并在适当情况下，直接咨询工会成员或现场检查。工会与雇主集体谈判合同生效后，应及时在网上公布。

（四）加强监管一致性，做到执法廉洁高效

政策执行效率和争端解决效率是影响全球化稳定运行的重要因素。为了降低全球化交易成本，应大力推行良好监管实践，建立健全科学、高效和费用较低的争端解决制度体系。

借鉴国际经验，加强监管的有效性。一是进一步打破各部门间的利益藩篱，整合不同部委的市场监管机构，建立独立市场监管执法机构，加强工商（市场监管）、税务等不同监管机构间的协同性，完善监管一致性建设。二是在监管规则制定方面，要加强公众参与以提高透明性，为中外企业创造一个良好的营商环境。三是加大反腐力度与市场执法透明度以确保监管的公正有效性。

建立健全科学、高效和费用较低的争端解决制度体系。一是完善好投资者-国家争端解决机制。借鉴国际先进经验，可以在自由贸易区内，尝试与特定国家协商建立“量身定制”的争端解决机制。同时注重借鉴《美国2012年双边投资协定范本》中的例外条款做法，规定准入前国民待遇、最惠国待遇、国家根本安全、金融例外等条款不适用于投资者-国家争端解决机制。二是借鉴新加坡国际商事法庭（SICC）做法，在自由贸易试验区内设立与国际接轨的国际商事法庭，促进调解、仲裁与诉讼之间的对接，充分利用英美法系与大陆法系的各自优势，科学、高效和低成本地解决争端。

（五）加强事中和事后市场监管，确保国家安全

商品与要素等在全球范围内的流动壁垒越来越低，这在促进全球资源有效配置的同时，也给当事主权国家带来了国家安全问题。因此，在制度型开放的过程中应加强事中和事后市场监管，确保国家安全。比如，利用国际通用的例外条款和不符措施应对不合理的违约指控；利用反垄断审查以阻止跨国公司对本国行业龙头企业的收购等。

（执笔人：郭万福）

参考文献

崔卫杰. 制度型开放的特点及推进策略[J]. 开放导报，2020（2）.
程桥. 服务贸易协定》及我国应对研究[D]. 大连：大连海事大学，2019.
蔡彤娟，郭小静. TPP到CPTPP：中国面临的新挑战与对策[J]. 区域与全球发展，2019（2）.
国务院发展研究中心市场经济研究所课题组. 以制度型开放促进服务业改革深化的思路和建议[J]. 中国经济报告，2020（5）.
何曼青. 我国外商投资“负面清单”管理实践的成效、问题与建议[J]. 全球化，2018（4）.
鞠建东，兰晓梅. RCEP与中国资本市场开放[J]. 债券，2020（12）.
李大伟. 新发展格局下如何推进制度型开放[J]. 开放导报，2020（6）.
施元红. 负面清单管理制度的发展现状、问题及提升路径[J]. 对外经贸实务，2019（8）.
王学东. 从《北美自由贸易协定》到《美墨加协定》:缘起、发展、争论与替代[J]. 拉丁美洲研究，2019（1）.
杨文兰，姚学颖. WTO面临的挑战及我国的对策选择[J]. 内蒙古财经大学学报，2015（3）.

第五章

完善现代市场监管体系
更好发挥有为政府作用

内容摘要：市场监管现代化，是更好发挥政府作用的重要体现，是保障市场体系有效运转的内在要求，是加快形成新发展格局、促进高标准市场体系建设的重要保障。随着国际环境愈加复杂、宏观经济转型、产业发展升级、数字科技进步等新变化和新形势涌现，对市场监管体系现代化提出了新的挑战。在监管理念上，包容审慎监管与“大监管”理念需要有机融合；在监管机制上，跨行业、跨部门和跨地域协同监管效能未能充分发挥；在监管规则和工具上，消费、互联网平台、资源环境和资本市场等重点领域的市场监管亟待充实；在监管能力和治理上，市场监管人力资源、社会资源和专业化严重不足。为进一步完善现代市场监管体系建设，要形成以事中事后监管为导向的精准高效监管理念，建立以《市场监管法》为龙头的法律法规体系，创新以信用监管和“双随机、一公开”为基础的智慧监管手段，构建专业、协同和多元共治的监管格局。

市场监管是现代政府的重要职能之一，是国家治理能力的重要组成部分。适应国际环境愈加复杂、宏观经济转型、产业发展升级、数字科技进步等新变化和新形势，市场监管现代化是更好发挥政府作用的重要体现，是保障市场体系有效运转的内在要求，是加快形成新发展格局、促进高标准市场体系建设的重要保障。

一是，完善现代市场监管体系是建设高标准市场体系的重要内容。《建设高标准市场体系行动方案》对全面实施市场准入负面清单制度、全面完善公平竞争制度、提升商品和服务质量、强化消费者权益保护和完善现代化市场监管机制等“完善现代市场监管体系”的诸多方面提出明确要求。

二是，完善现代市场监管体系是建设高标准市场体系的重要保障。市场监管部门在优化营商环境、强化安全监管、维护市场秩序、稳定社会预期等方面担负着重大职责。推进市场监管治理体系和治理能力现代化，有利于促进市场活力充分释放，推动市场主体量大质优；有利于维护健康良性的市场生态，压缩低质量供给生存空间；有利于建设公平竞争的市场环境，促进优胜劣汰（张小宁，2020）。对于推动高标准市场体系建设具有关键支撑和基础保障作用，是经济发展的“稳定器”和“催化剂”。

三是，完善现代市场监管体系是更好满足人民对美好生活向往的迫切需要。市场是经济活动的载体，是连接生产和消费的纽带，市场环境是否公平有序、消费环境是否安全舒适，与实现人民的美好生活需求息息相关（张小宁，2020）。加强和改善市场监管，以满足人民对美好生活的需求为出发点和落脚点，进一步加强对消费者权益的保护，努力营造公平竞争的市场环境、安全舒适的消费环境。

第一节　市场监管的内涵和构成

现代市场经济条件下，随着市场决定资源配置的机制逐步建立，政府、市场和社会在维护资源配置秩序中各守其边界，共同促进经济社会持续健康发展。然而，受有限信息或信息不对称、交易和治理成本较高、政府行政过程中存在的利益集团俘获和寻租等因素影响，市场失灵和政府缺位的现象客观存在，使得整个社会公共利益受损。鉴于市场和政府各自存在的局限性，应科学认识市场监管的内涵和构成要素，以及时动态调整政府和市场边界，缓解“失灵”问题，维护社会公共利益。

一、市场监管的概念

根据福利经济学第一定理，竞争性市场可以实现资源配置最优化。然而，该定理成立或市场有效，需要满足若干前提条件，比如资源产权清晰、所有稀缺资源必须进入市场、完全竞争、外部性不明显或公共产品不多，以及短期行为和不确定性不存在等。如果这些条件不能满足，市场就不能有效地配置资源，即出现“市场失灵”。诸如，不完全竞争、公共物品、外部性以及信息不对称等因素将会导致市场配置资源无效率。作为政府干预的一种方式，市场监管被认为可以纠正上述市场机制的失灵，以及制定社会经济发展政策等，其合理性得以确立。如表5-1所示。

表5-1　市场监管的合理性

基本理由	主要目标	案例
垄断与自然垄断	抑制垄断企业提高价格和减少产量；维护规模经济；识别垄断领域	公用事业
意外收获	将企业的意外收益让渡给消费者和纳税人	与获取正常收益相比，获得意外收入的成本低廉
外部性	企业或消费者承担全部成本，不转嫁给他人	企业造成的环境污染
信息不对称	让消费者了解市场运行情况	药品、食品和饮料标签
服务的连续性与可获得性	确保服务达到社会最低期望或最低保障水平	偏远地区的公共服务
反竞争性行为和掠夺性定价	防止反竞争行为	企业低于成本定价
公共物品和道德风险	在利益共享中发生搭便车现象时确保成本的公平分摊	国防和安全事务；健康服务
不平等的议价能力	在市场失灵领域保障弱势群体利益	工作场所的健康与安全

（续表）

基本理由	主要目标	案例
稀缺资源与分配	对稀缺资源的公平分配	石油短缺
分配公平与社会政策	基于公共利益而分配；防止不良行为及后果	对受害人的保护
合理化与协调	在交易成本阻碍从市场中获得网络收益或规模效率时保证高效率生产；实行标准化	农业与渔业中的分散性生产
发展规划	保护后代人的利益；鼓励利他行为	环境保护

资料来源：Baldwin, R., M. Cave, M. Lodge. Understanding Regulation: Theory, strategy, and practice [M]. Oxford University Press 2012.

市场监管是指监管机构出于弥补或纠正市场失灵的动机，依法并有意地对不同的公共组织（企业）或个人的行为施加特定影响，旨在激励公共组织或个人行为自律（Baldwin等，2012）。监管涉及社会经济发展的方方面面，一般包括三个部分。一是监管政策，为监管实施提供总体方向。监管政策规定了监管的目标和为实现目标应遵循的方式、策略和路径；同时也选定监管"代理人"，即监管机构。二是监管措施或工具，即用以改变被监管者行为的手段和方法。三是信息收集，即监管机构掌握被监管者的行为信息，以判断其是否遵守监管政策以及监管政策是否行之有效。

从政府职能上看，市场监管是市场经济中政府与市场关系的体现（国家市场监督管理总局，2021）。广义的市场监管，泛指国家和政府职能部门所有调整生产者、经营者和消费者关系的活动。这一含义下的市场监管具有普遍存在性，分布于多种法律、政策、规范和职能中，且有时并不直接以"市场监管"这一名称显现。狭义的市场监管，专指特定的市场监管部门基于完善市场失灵、激发市场活力、维护市场秩序、保障质量安全、保护公共权益、改善营商环境等目标，对市场交易与竞争中的相关主体、要素、环节、领域、行为、商品和服务等进行的监督管理。这一含义下的市场监管是目前讨论的核心范畴。市场监管通过外部秩序和内在机制，对市场失灵加以纠正和干预，以保障市场竞争有序和安全健康。

二、市场监管的分类

普遍认为，市场监管包括直接监管和间接监管，直接监管分为经济性监管和社会性监管。经济性监管针对具有自然垄断或存在信息不对称特征的行业，对其进入、退出、价格、服务或产品质量、投资等行为进行制约。经济性监管的主要目的是防止资源低效配置和确保服务及商品的公平供给。当某一行业受到监管，被监管企业在生产和分配方面的效率将由市场力量和监管程序共同决定。社会性监管对商品和服务的质量以及伴随其生产提供而产生的各种活动制定一定标准，并限制、禁止特定的行为，比如生产安全、污染排放控制等。社会性监管以确保国民生命安全、健康、卫生、防止灾害、防止公害和保护环境为目的，即涉及健康、安全与环境监管三个方面。

间接监管是指通过反垄断法、民法、商法等对垄断行为、不正当竞争行为和不公平交易行为进行监管，以限制市场势力和不正当竞争为目标。

此外，在政府市场监管职能中还有针对特定行业的行业监管和金融监管。如表5–2所示。

表5–2 市场监管的类别、目标和内容

监管类别		监管目标	监管内容
直接监管	经济性监管	对应于自然垄断或信息不对称，防止资源低效配置，确保服务和商品的公平供给	进入、退出、价格、服务或产品质量、投资等行为的制约
	社会性监管	对应于负外部性等，确保国民生命安全、健康、卫生、防止灾害、防止公害和保护环境	健康、卫生、安全和环境监管

（续表）

监管类别		监管目标	监管内容
间接监管	反垄断（反不正当竞争）监管	限制市场势力和不正当竞争	垄断行为、不正当竞争行为和不公平交易行为的制约

资料来源：Viscusi, W.K., J.E. Harrington and J.M. Vernon., 反垄断与管制经济学[M]. 北京: 中国人民大学出版社, 2010; 植草益. 微观规制经济学[M]. 北京: 中国发展出版社, 1992.

三、市场监管体系的构成要素

市场监管体系，是指能够针对市场失灵而发挥监管职能的各个要素及其相互关系，这一有机整体将对市场监管的绩效产生影响。完备的市场监管体系构成要素包括监管理念、监管规则、监管架构、监管策略和监管工具。

（一）监管理念

监管理念是指监管机构在履行监管职能时应持有的宗旨、信念和观念，属于意识形态范畴，是监管机构开展监管工作的指导思想、基本原则和行动指南。监管理念基于监管机构履行其职能时的客观需要而确立。监管理念具有时代特征，我国正处于完善社会主义市场经济体制的阶段，与之相适应的监管理念确立，应坚持市场化方向、坚持法治化方向。

（二）监管规则

监管规则是指监管机构在实施监管时，以及被监管者在运行时应遵循的依据、规范和标准，并提供了可预见的监管结果。按照监管效力的强弱区分，包括我国现行有效的法律、行政法规、司法解释、地方法规、地方规章、部门规章及其他规范性文件以及对于该等法律法规的不时修改和补充，以及相关操作指南和细则。监管规则同时作用于监管机构和被监管者，一方面，监管机构依据监管规则实施监管，据此判定被监管者是否存在违法违规的行为；另一方面，被监管者依据监管规则来约束自身行为，确保其运行合法合规。为使经济社会健康有序发展，监管规则动态变化，适应新时代、新发展、新经济和新产业的监管需求。

（三）监管架构

监管架构是指包括监管主体、监管对象、监管内容和监管监督等在内的监管组织结构，以确保监管的有效落实。

监管主体是指实施监管的职能机构，即监督者和管理者。主要包括：政府监管部门，比如国家和地方的行业主管部门；行业自律组织，比如行业协会，涉及工业、商业、科技、金融等领域；其他组织，比如评级机构；以及内部控制，比如企业风险控制管理、内部稽核、质量检测等。

监管对象是指受监管规则制约、受监管机构监督和管理的主体及其行为。企业是最为主要的监管对象；更具体的是对企业参与市场的行为，包括进入和退出、定价、投资、竞争、经营等进行监管。监管机构应对监管对象的相关信息进行收集，要求监管对象按照一定频率提供信息，从而判断监管对象是否遵守监管政策。

监管内容是指需要由监管机构介入，进行适当干预和市场失灵纠正的经济活动。按照监管的类型，分为经济性监管、社会性监管和反垄断。如前所述，经济性监管针对具有自然垄断或存在信息不对称特征的行业，对其进入、退出、价格、服务或产品质量、投资等行为进行制约。社会性监管对商品和服务的质量以及伴随其生产提供而产生的各种活动制定一定标准，并限制、禁止特定的行为，比如安全、健康、卫生、环境保护等。反垄断则对垄断行为、不正当竞争行为和不公平交易行为进行监管。

监管监督是指对监管机构、监管行为和监管绩效的监督管理。监督机构一般整合进行政管理机构中，主要行使监督、协调和质询监管部门，评估监管政策是否行之有效，提出监管建议，推进改革，完善监管等职能。

（四）监管策略

监管策略是指监管机构在实施监管时，因考虑监管对象的特征，以及监管的可行性、经济性、时效性、针对性和有效性等多方面因素而采取的综合监管行动方针，或监管方案集合。按照不同维度，监管策略可大致分为：强制性监管（比如行政命令）和激励性监管，基于原则的监管和基于规则的监管，基于市场行为的监管和基于市场结构的监管，事前、事中和事后监管等。

（五）监管工具

监管工具是指由监管机构遵循监管理念和监管规则，针对特定的监管内容，而对监管对象执行的具体监管方法和技术手段。在经济性监管下，包括资质审查、评级管理等准入监管，价格水平管控、收入水平管控等价格监管，标准限定、抽样检测等质量监管。在社会性监管下，包括标准限定、责任落实等安全和环保监管；以及相应的处罚措施和赔偿措施，包括监管谈话、责令改正、限制经营活动、记入诚信档案等。在反垄断下，包括相关行为的调查与判定，以及劝告、和解、罚款、禁令、损害赔偿等救济措施。在现在的监管体系下，包括基于5G、互联网、大数据、AI、区块链等新一代信息技术开发的监管新科技和智慧监管手段。

第二节　我国现代市场监管体系的特征和着力点

我国市场监管从探索萌芽、不断丰富到优化完善，市场监管的概念和规范逐步明晰和完善，长期战略部署得以确立。结合市场监管基础条件，面向适应国际环境、宏观经济、产业发展、科技进步的新形势，服务高标准市场体系建设和经济社会发展全局，我国现代市场监管体系应具备监管体制系统化、监管制度法治化和监管模式智慧化等典型特征，并发挥着力克服市场不完善性、优化营商环境、维护市场公平竞争、守住质量安全底线和保护消费者合法权益的功能。

一、现代市场监管体系的特征

市场监管职能是政府职能的重要组成部分，是市场监管部门依法行政的具体体现，具有监管体制系统化、监管制度法治化、监管模式智慧化等典型特征。

（一）市场监管体制系统化

在理顺监管体系、整合监管职能、加强监管协同等改革完善市场监管体制的基础上，形成机构设置统一和监管职能综合的系统化市场监管体制。我国已形成综合监管与专业监管相结合、功能监管与行业监管相结合的监管架构。国家市场监督管理总局是若干重要监管职能的承担者，负责市场综合监督管理并承担诸多具体监管职能。包括：工商登记注册、公平竞争、质量监管、信用监管、食品监管、药品监管、知识产权等若干重要专项监管职能，以及计量、检验检测、认证认可等辅助职能。其他相关部门按照分工各自开展相关领域的市场监管工作，比如承担环境、安全、文化、旅游、网络信息、电信、能源、自然资源以及金融等具体领域的监管工作。并且，承担环境监管、安全监管等专业监管职能的机构也有所加强。反垄断等重要监管职能更加统一，行业监管的格局进一步明晰。各领域市场监管也建立了协同协作机制。例如，已经建立国务院食品安全委员会、国务院反垄断委员会等议事协调机构，以及反不正当竞争、环境综合治理、水污染防治和水土保持等部际联席会议制度。

（二）市场监管制度法治化

现代市场监管体系面临前所未有的广度和深度，市场监管的法治建设对保障其发展系统性、规范性和稳定性非常重要。据国家市场监督管理总局统计，截至2021年6月1日，以市场监管部门为主要执行主体的法律有19件、行政法规47件、部门规章252件。市场监管制度的法治化体现在市场监管执法所依据的法律体系建设和市场监管执法监督的法律体系建设两个方面。按照市场主体、市场行为、产品服务的监管对象划分，市场监管执法所依据的法律体系包括：（1）市场主体法律规范。主要规范各类市场主体的设立条件、进入及退出市场程序、信用监管和基于市场主体权利保护衍生的知识产权相关法律法规。（2）市场行为法律规范。主要规范市场主体在市场活动中必须遵守的基本原则和行为准则，既包括反垄断、反不正当竞争以及禁止传销、规范直销等规范市场秩序的法律法规，也包括对广告、价格、网络交易、合同、拍卖等行为实施监管的法律法规。（3）商品服务法律规范。主要包括对产品质量安全实施监管的法律法规，也包括有关质量技术基础（标准、计量、认证认可、检验检测）的法律法规，还包括对服务业进行监管的法律法规。市场监管执法监督的法律体系是对市场监管部门行政处罚程序的统一规范，主要包括《市场监督管理行政处罚程序暂行规定》《市场监督管理行政处罚听证暂行办法》《市场监督管理行政处罚文书格式范本》。此外，开展规范性文件的合法性审核、推行行政执法公示制度、加强行政执法内外部监督，以及出台《市场监督管理执法监督暂行规定》也促进了市场监管执法监督常态化机制形成，为保证各项市场监督管理法律、法规、规章的正确实施奠定基础。

（三）市场监管模式智慧化

随着市场监管实践不断深化，适应新的经济形态和商业模式崛起，形成审慎监管理念，并不断运用新技术，推动“大数据+监管”“互联网+监管”，落实智慧监管理念。在市场监管理论上，出现回应性监管、监管沙盒和敏捷监管等更加灵活包容的理论创新（刘志成、臧跃茹，2021）。回应性监管跳出了“加强监管”和“放松监管”的二分法，提出市场监管遵循的四条原则：针对需要解决的重点问题实施重点监管，优先考虑说服教育和自我监管等软措施开展监管，把最强有力的监管举措作为最后选择，结合现实需要逐步提高监管强度（杨炳霖，2014）。监管沙盒是指在“沙盒”空间内，企业可以测试创新产品和服务、新商业模式和支付机制等，即便相关企业、产品、行为违反了现行的法律法规，也不会因此而立即承受相应的监管后果（FCA，2017）。监管沙盒对于解决新技术、新模式与传统监管框架之间的矛盾有重要意义，也有利于推动监管理念从静态监管向动态监管转变，从被动监管向合作监管转变。在新技术、新模式、新业态持续创新的背景下，敏捷监管能快速识别新兴领域监管治理所面临的现实挑战，通过监管者、监管对象、社会公众的共同参与而加快监管政策出台步伐，并推动监管政策持续优化。

二、现代市场监管体系的着力点

《“十三五”市场监管规划》把改善市场准入环境、市场竞争环境和市场消费环境作为市场监管重点。围绕这一重点，现代市场监管体系的着力点在于克服市场不完善性、优化营商环境、维护市场公平竞争、守住质量安全底线和保护消费者合法权益。

（一）着力克服市场不完善性

市场监管作为一种矫正市场失灵的工具和手段被广泛应用于市场经济现实中。市场监管要求有效克服市场的不完善性，确保市场机制资源配置功能的正常发挥，在营造有效市场方面和形成有为政府方面作出很好的对接，实现市场机制有效、微观主体有活力、宏观调控有度（吴汉洪，2018）。美国哈佛大学经济学教授丹尼·罗德里克在其著作《一种经济学，多种药方》中指出：实际上，每一个成功的市场经济，都包含着各种各样的监管制度，用以规范商品、劳务、劳动力、资产以及金融市场的行为。在我国，已形成综合监管与专业监管相结合、功能监管与行业监管相结合的系统化市场监管架构。市场监管涉及市场准入、公平竞争、质量安全等方面，以及环境、安全、文化、旅游、网络信息、电信、能源、自然资源以及金融等领域。事实上，市场自由化程度越高，监管制度的责任就越大（吴汉洪，2018）。

（二）着力优化营商环境

市场监管改革的重要方向，是由过去追求优惠政策"洼地"，转向打造公平营商环境的"高地"（国家市场监督管理总局，2021）。优化营商环境，是持续解放生产力、提高竞争力的重要举措。通过"放管服"改革，最大限度减少政府对市场资源的直接配置，最大限度减少政府对市场活动的直接干预，加强和规范事中事后监管，着力提升政务服务能力和水平，切实降低制度性交易成本。我国商事制度发生了根本性变革，释放了我国经济蕴藏着的巨大潜力，成为优化营商环境的重要突破口。进一步优化营商环境应当遵循市场化、法治化、国际化的原则，坚持各类市场主体权利平等、机会平等、规则平等，按照规则公开透明、监管公平公正、服务便利高效、依法保护各类市场主体合法权益的要求，完善支持市场主体全生命周期发展的政策措施，促进市场主体扩容提质，为各类市场主体投资兴业创造良好发展环境，为国内大循环和国内国际双循环提供充满活力的力量载体。

（三）着力维护市场公平竞争

市场秩序是各个市场主体在进入、退出及市场交易过程中所共同遵循的规则，以及由此而形成的正常有序的市场运行状态和格局，其中一个重要方面是市场竞争秩序（吴汉洪，2018）。公平竞争是激发市场活力和创造力的内在动力，是发挥市场力量的关键。营造诚实守信、公平竞争的市场环境，是市场监管部门的重要职责。竞争规则主要包括两方面的内容：一是保护正当竞争，反对或禁止不正当竞争；二是预防和制止垄断行为，保护市场公平竞争。具体来说，大量企业进入市场，要有清晰公平的竞争规则作为约束，不能有歧视、有分割；要让企业之间公平竞争，就不能有假冒侵权，不能“打假赛、踢假球”。市场公平竞争的实现和维系有赖于市场竞争规则的建立和确立。竞争规则的确立可以通过道德的、舆论的、行政的、经济的、自律的等多种方式实现，但最普遍和最有效的方式是政府采用法律的手段来实现。这要求市场监管部门要公正执法，对各类市场主体公平公正、一视同仁；要坚持依法行政，加强法治监督，杜绝选择性执法（国家市场监督管理总局，2021）。

（四）着力守住质量安全底线

防范质量安全风险是市场监管工作的底线。产品质量安全是指产品符合国家法律法规以及涉及公共安全、人体健康、生命财产安全的强制性标准要求，在正常或合理预见的情况下使用，不会构成任何危险或仅构成最低程度的合理危险。产品质量安全具备保障人身安全和健康的属性。除生产性质量安全监管外，与人们日常生活密切相关的食品、药品和其他消费品领域的产品质量安全问题也备受关注。维护食品药品安全、特种设备安全、工业产品质量安全，关系民生和民心，关系广大人民群众身体健康和生命安全，关系社会稳定和公共安全。要坚持以人民为中心的发展思想，建立落实“四个最严”要求的更加完备的制度体系，坚决守住市场安全运行的底线（国家市场监督管理总局，2021）。具体而言，市场监管部门依据相关法律法规，主要采用事前市场进入资格审查、事前标准设立以及事后对生产、销售不合格产品的违法行为人进行制裁等方式，确保产品质量安全、缩小厂商与消费者之间的信息偏差，达到降低产品质量安全风险、保障消费者人身财产安全、救济因产品缺陷导致人身安全遭受损害的消费者等目的（王成文，2007）。进而维护社会经济秩序，促进市场经济健康发展。

（五）着力保护消费者合法权益

市场垄断行为、不正当竞争行为和限制竞争行为不仅侵犯经营者的合法权益，而且也往往损害消费者的利益和社会公共利益。随着各种不正当竞争行为对消费者的利益以及社会公共利益的损害逐渐为人们所认识，各国在市场监管中均强调对消费者利益和社会公共利益的保护。就我国而言，保护消费者的合法权益，就是坚持人民至上、维护广大人民群众根本利益，是做好市场监管工作的出发点和落脚点。随着人民群众收入水平的提高和科技变革加快，经济发展呈现出消费需求持续增长、消费结构加快升级、消费拉动经济作用不断增强的趋势，消费经济进入繁荣发展和快速变革时期。新的消费领域、新的消费模式、新的消费热点不断涌现，既是经济发展中的亮点，给广大消费者带来福音，也对改善消费环境、维护消费者权益提出新要求和新挑战。要坚持系统监管、标本兼治，统筹推进产品和服务、线上和线下、传统经济与新经济市场治理，有效解决突出问题，着力完善长效机制，实现市场秩序根本好转。

第三节　我国市场监管体系现代化面临的挑战

当前，在“大市场、大质量、大监管”的理念下，权责明确、公平公正、透明高效、法治保障的市场监管格局初步建立。随着国际环境愈加复杂、宏观经济转型、产业发展升级、数字科技进步等新变化和新形势涌现，在市场监管理念、机制、规则和工具、能力和治理上，对市场监管体系现代化提出新的挑战。

一、包容审慎监管与“大监管”理念需要有机融合

客观上，很多新经济领域呈现出平台化、个性化、网络化和跨界融合化的基本特征，导致传统监管理念、监管机制、监管规则和监管工具不适用，

市场监管部门对新经济模式认识不足、规律把握不准，市场监管滞后甚至失误。因此，新经济一般在初期“野蛮生长”，问题积累爆发后市场监管部门才能够进行引导和规范。例如，随着共享单车的发展，共享单车企业之间的不公平竞争、车辆运营维护不到位、企业主体责任不落实、用户资金和信息安全风险等问题突出。这些问题涉及消费者的利益以及社会公共秩序和公共利益，需要政府予以引导和规范。建立健全“包容审慎”的监管原则正是为了促进新技术、新产业、新业态和新模式“四新”经济发展，在创新与市场秩序之间寻求平衡。这是在大数据市场环境下我国市场监管，特别是反垄断执法部门进行竞争执法所依据的重要原则。

但是，包容审慎监管与包括市场竞争、数据安全、权益保护等在内的“大监管”理念还需要有机融合（王磊等，2020b）。在市场监管实践中，由于竞争立法、规则和执法的落后，维护创新、保障安全和有效监管之间的关系往往难以平衡，监管真空、监管套利和监管俘获等问题得不到有效遏制。市场监管部门对部分新经济企业垄断或不正当竞争行为“包容审慎不监管”、选择性执法、多头执法或者监管标准不一，从而出现“企业无所适从、用户利益受损”的局面。市场监管态度不明确导致新经济监管的整体效率较低，监管部门无法及时为各类损及市场竞争和消费者利益的垄断和不正当竞争行为提供救济，造成对市场动态竞争过程和消费者福利不可恢复性的损害，出现“事后诸葛亮”的现象。市场监管刚性约束力不强导致监管体系对新经济监管的威慑力有限，制度体系的缺位导致反垄断执法机构执法理念不清、执法依据不足，难以科学有效地应对新经济的违法违规行为。

二、跨行业、跨部门和跨地域协同监管效能未能充分发挥

一是我国区域发展格局出现新变化，对推进市场监管协同提出了更高挑战（刘志成、臧跃茹，2021）。近年来，中央提出了一系列重大区域发展战

略，包括京津冀协同发展、长江经济带发展战略、黄河流域生态保护和高质量发展、粤港澳大湾区建设、长三角区域一体化等。落实好重大区域发展战略，离不开高水平、高质量的市场监管。比如，长江经济带要实现“共抓大保护，不搞大开发”目标需要加强跨区域、跨部门的环境生态监管协同。京津冀协同、长三角一体化对市场监管一体化提出了更高要求，需要在共建监管规则体系、共享监管信息、互认市场信用、打破市场壁垒、推动区域共治等方面作出更多努力，最终推动质量标准的一体化、要素市场的一体化。

二是数字经济发展对推进市场监管综合、协同提出了更高要求。数字经济的监管问题不仅涉及市场的有序竞争，也会涉及用户的隐私权、选择权、知情权等保护问题。隐私保护水平、数据安全在很大程度上已取代价格成为数据市场经营者进行竞争的重要维度。因此，市场监管机构需要具备综合监管能力，统筹运用反垄断法、民法、隐私法、数据保护法、消费者权益保护法等法律体系和综合工具对数字经济予以更科学、更规范、更完整、更有效的监管（王磊 等，2020b）。数字平台已经成为数字经济发展的主流组织方式，围绕主导或核心平台，平台企业充分利用规模经济、范围经济和网络经济效应，通过横向拓展、纵向延伸，最大限度完善以主导平台为核心的生态系统，通过跨界竞争、动态创新、并购重组等方式，打造数字经济体，使得产业竞争和发展优势构建的传统模式发生颠覆性改变（王磊等，2020a）。数字生态系统呈现出跨行业、跨地域融合竞争，复杂性、模糊性市场行为和先进性、隐蔽性技术手段等特征，使得传统的分级管理、分片管理、分业管理等监管体制难以适应。

三、消费、互联网平台、资源环境和资本市场等重点领域市场监管亟待充实

一是我国经济结构向服务业和消费领域转型，涉及质量、标准、安全、

知识产权和消费者权益等方面的市场监管规则和手段需要加强。从产业结构来看，2020年中国服务业在GDP中的占比上升到54.5%，预计“十四五”时期还会进一步提升。从需求结构来看，最终消费支出成为经济增长的主要贡献者，2020年GDP的消费贡献率为54.3%，在构建新发展格局过程中预计消费贡献率还会继续提升。经济结构变化需要市场监管转向以服务、商品服务质量为主要对象的监管，包括质量、标准、安全、知识产权和消费者权益等方面（刘志成、臧跃茹，2021）。在“中国速度”向“中国质量”转变、加强全面质量管理、实施标准化战略、用“四个严肃”加快建立科学完善的食品药品安全治理体系，以及加强知识产权保护等方面的市场监管规则和手段需要丰富完善。

二是互联网平台监管面临更加复杂和多变的情形，使得一些传统的监管规则、工具手段和治理方式难以有效处置（王磊 等，2020b）。基于平台经济的垄断势力识别方法亟待创新。互联网平台是双边市场的载体，其市场力量认定尚无规范方法或成熟经验，对滥用市场支配地位行为的判定也没有公认标准。例如，对一些大型电商平台而言，与用户签订具有“二选一”特性的排他性协议时，尽管不少专家认为违反了《反垄断法》规定的自由交易原则，同时可能削弱平台间竞争，但对消费者和商家的损害或实质影响难以进行事前评估。《反垄断法》以价格为基础的多种分析工具难以适用于互联网平台的反垄断分析。互联网采用免费的商业模式已成为一种主流，创新、质量、隐私保护水平逐渐取代价格成为数据经营者竞争的关键因素。免费产品或服务与用户数据之间缺乏可以精准衡量的市场交易价格，但从执法实践来看，采用质量、创新等非价格竞争的分析范式存在量化的困难。互联网平台企业策略性竞争行为更加隐蔽更加复杂，算法操纵、算法合谋、大数据企业、技术性拒绝交易等更加难以发现，单纯依靠传统监管手段，已经很难对互联网平台企业的垄断行为或不正当竞争行为进行识别。

三是面向生态环境治理和“碳达峰、碳中和”目标，资源环境市场中将更多运用市场化手段来实现节能减排和有效控制碳排放，排污权、用能权和碳排放权等权益交易市场的监管体系亟待建立。在一系列规章制度和规划管理等政策之上，缺乏法律制度以强制节能减排和碳减排目标、明确控排主体责任权力、调整权益交易法律关系、规范权益交易市场行为，从而保障和促进权益交易市场的健康发展。除对扰乱市场、操纵市场等交易行为进行识别和处罚外，仍要对各类权益价格需要进行密切监测，建立监测预警和价格调控联动机制，建立信息公开机制和履约监管。缺乏构建可计量、可核查的权益交易体系数据基础制度。已初步建立的MRV（测量报告核查）体系对能耗和排放的核算边界、排放因子、燃料热值含量等具体细节缺乏一致性的说明，导致能源消费量、污染物排放量和碳排放量核算数据的准确度不高。对企业缺乏具体的监测计划和管理。部分企业用能和排放管理意识薄弱，对数据核算、报告、监测及数据质量管理等内涵理解不到位，相关工作开展不力，数据监测频率不够、质量不高、存档资料不完善。在第三方核查制度中，对第三方机构的资质认定和管理办法有所缺失。最后，各类权益的金融衍生品交易需纳入金融市场监管。

四是金融科技新技术飞速发展、金融创新层出不穷，资本市场监管面临严峻挑战，迫切需要转型。金融科技逐渐成为经济金融创新发展的核心驱动力，新的业务模式和经营方式使得金融风险呈现出传导速度更快、波及范围更大和影响程度更深等特点，迫切要求资本市场监管转型。传统电子化、集成化的管理方式向智慧化、数字化转型，改变政策指导、现场检查、函询稽核、非现场指标统计及信息报送、时候处罚等线下监管方式，充分发挥智慧监管和监管科技的力量。目前，我国资本市场监管数字化转型往往依靠与大型互联网企业合作推动，缺乏统一完善的顶层设计，可能存在监管空白和产生监管套利。包容审慎监管理念创新不足，为新科技、新业务、新模式发展和新监管科技探索所留有的余地不足，在监管规则和监管手段相对业务发展滞后的情况下，难以及时判断和跟踪新风险点、难以发现监管盲区。在数据标准、技术规范和监管平台构建等方面缺乏统一架构，导致数据采集渠道多但整合难度大、整体质量不高；分析技术和平台联合薄弱，导致众多数据难以实现关联分析，识别、预测和评估资本市场潜在风险的能力较弱，难以达到专家级监管水平。

四、市场监管人力资源、社会资源和专业化严重不足

一是受编制与预算限制，市场监管部门人员规模较小。在传统自然垄断环节的价格监管领域，电力行业监管在国家层面由相关司局一个处室4人左右负责，到省一级由1～2人负责，而在市、县基层通常1～2人负责所有垄断行业监管。政府向被监管企业、研究机构借调人员成为“常态”，这样做既不利于监管机构人才队伍的培养和稳定，也不利于监管工作的中立和独立。省级及以下监管部门在机构改革中，编制被不断压缩的趋势至今仍在持续，业务部门负责人与非相关职能岗位之间“轮岗”频繁。在竞争监管机构，我国相关部门人员300余人，日本约800人，欧盟和美国在千人水平（王磊等，2020b）。

二是市场监管部门人员的专业素养需要进一步提升。传统市场监管部门工作人员以工科专业为主，严重缺少经济学人才，这是造成规划和项目审批“只重技术，不重经济”的重要原因。价格监管部门人员以财务管理专业为主，缺少管制经济学人才和行业技术人才。在“四新”经济监管领域，需要一批顶尖的法学、经济学、计算机技术人才，组成监管团队，以有效应对企业的垄断行为和不正当竞争行为。在现行的行政管理体制下，我国市场监管部门的人才储备和执法人员专业素质都相对不足。

三是多元共治的市场监管监督机制尚未成型。行业自律监管作用尚未有

效发挥。对涉及行业准入规则、质量安全维护等方面缺乏有效的行业自律规则体系，对企业的监督机制及惩戒机制也不健全，对违规企业往往起不到威慑作用。甚至在面对新的经济模式或交易方式时，出现行业牵头的不正当竞争行为。社会监督网络尚未完善。规范化、常规化和制度化的市场监管宣传还未形成，致使公众对行使市场监管、监管监督不够重视，也缺乏相应的渠道。由于信息公开不到位，媒体和公众难以获得准确、可靠的市场监管信息内容，导致社会监督网络乏力。由于消费者反馈、救济渠道不畅通，消费维权的权威性和效力性不足，导致消费者利益受到损害时无法得到充分保护。在市场监管人力资源严重不足的情况下，尚未对专业咨询服务给予足够重视，缺乏系统性的制度设计。

第四节　进一步完善现代市场监管体系的思路和建议

当前，我国经济进入高质量发展阶段，对各类市场主体提出了更高要求，复杂多变的国际经贸环境也对其提出了严峻挑战。进一步完善现代市场监管体系，坚持党的全面领导，坚持改革创新、顺势而为，坚持有效市场、有为政府，坚持依法监管、公平公正，坚持综合监管、系统规制，促进市场公平竞争，促进资源优化配置，激发市场主体活力，服务高标准市场体系建设。

一、形成以事中事后监管为导向的精准高效监管理念

一是由“重审批轻监管”转变为“加强事中事后监管”。进一步深化“放管服”改革，不断提高市场准入的便利度，降低准入门槛以激发和释放市场活力，让该“进入”的市场主体都能获得“入场券”。推动事前审批向事中、事后监管转变。对违法失信经营、损害市场公平竞争、侵犯消费者利

益、阻碍行业创新步伐的行为，必须持续加强监管。通过加强反垄断、反不正当竞争执法，加强质量监管，加大消费者权益保护的力度，确保在放宽市场准入的前提下，企业能够依法合规经营，消费者合法权益能够得到有效保护。市场监管部门逐步从对企业微观活动的干预转向对企业行为和市场活动的监管。

二是由“漫灌式”监管向精准高效监管转变。随着市场主体数量激增，“四新”经济层出不穷，市场监管的形势日渐复杂，“漫灌式”监管将会面临监管力量不足、监管成本过高、监管履职风险加大的问题。因此，市场监管部门要注重运用信息公示、信息共享、信用约束、随机抽查、举报反馈等简约化、智能化的监管手段；实施“双随机、一公开”监管、大数据监管、信用风险分类管理；坚持问题导向，切实解决好各类质量安全等突出问题，针对社会关注的焦点、热点、难点问题，加强风险管理，强化重点监管，组织执法检查，保障公平竞争；进一步提高监管的精准度和监管效能。

二、建立以《市场监管法》为龙头的法律法规体系

一是开展《中华人民共和国市场监督管理法》（简称《市场监管法》）立法前期准备工作，并适时推进。确立以法律制度治理市场的基本原则，在法律层面明确市场监管的对象、监管的主体以及监管方式方法，用一部综合性的市场监管法来统领市场监管领域的立规建制工作。二是加快推进法律规则统一化、完备化，增强监管制度系统性。结合市场监管具体工作中遇到的现实问题，逐步解决市场监管各专业领域的法律条文重合、交叉以及相互冲突等问题，理顺不同领域法律之间的关系。三是加快推进补充立法、修法释法工作，填补一些重要领域的立法空白。进一步加快重点领域、新兴领域立法和修法工作，积极推动《反垄断法》《计量法》《产品质量法》等法律法规的制定修订工作。

三、创新以信用监管和“双随机、一公开”为基础的智慧监管手段

一是发挥信用监管的基础性作用。聚焦市场主体构建企业信用体系，以市场主体为对象，加快完善信息收集、公示、共享和信用评价等措施。推动修订《企业信息公示暂行条例》，用好全国“一张网”，升级改造国家企业信用信息公示系统，完善信息归集共享公示机制。实施企业信用风险分类管理，完善企业信用修复机制。聚焦重点领域强化信用约束，围绕食品、药品、特种设备、重点工业产品安全监管等，强化信用监管措施效能发挥。修订《严重违法失信企业名单管理暂行办法》，建立市场监管部门统一的“黑名单”制度，推动编制市场监管领域失信惩戒措施基础清单，强化联合惩戒力度。

二是全面实施“双随机、一公开”监管。将风险管理与随机抽查监管措施有机结合，针对不同风险程度的市场主体采取差异化监管措施。科学确定抽查范围、抽查行业、抽查比例、抽查频次和被抽查概率，提高抽查的精准性和实效性。抽查事项、抽查计划、抽查结果要及时、准确、规范地向社会公开。巩固和扩展部门联合“双随机、一公开”监管覆盖面，推动实现联合监管常态化，建立双随机抽查结果部门间共享交换和互认互用机制。

三是探索推进智慧监管。市场监管部门以“互联网+监管”“大数据+监管”“AI+监管”为依托，全面增强市场监管的针对性、科学性和时效性。按照“简约、高效、规范、协同”的原则，全面整合市场监管领域的信息资源和业务数据，构建符合基层监管实际、满足监管决策需要、服务群众办事需求的智慧市场监管系统。推进现代信息技术在市场监管领域的应用，充分发挥新监管科技（Reg tech）在市场监管中的作用，依托5G、互联网、大数据、AI、区块链等新一代信息技术推进监管手段创新，降低监管成本，推进

线上监管（非现场监管）与线下监管（现场监管）无缝衔接。制定统一规范的数据标准，畅通数据存储、传输、归集、交换渠道，打破数据孤岛，实现市场监管领域数据的纵向贯通和横向共享。建设全国市场监管大数据中心，强化数据统一归集共享，加强数据深度挖掘和分析研判，依托大数据开展监管政策分析、模拟和评估，把握新经济的内在规律，不断提升监管效能。

四、构建专业、协同和多元共治的监管格局

一是打造专业化市场监管队伍。适应现代市场监管体系独立性、专业性和智慧化的需要，加强市场监管资源整合，增强人事管理和经费保障，在执法编制、专业人才等资源配置上向该领域倾斜，构建由多学科专业人员构成的监管团队，以多种形式吸纳经济学、计算机技术、法学及公共管理等专业人才参与市场监管和执法。提升市场监管队伍专业素养，围绕监管理念、监管规则、监管架构、监管策略和监管工具等，对监管队伍开展知识更新、优化知识结构，通过与专业研究咨询部门、国际顶尖监管机构、国内区域间监管部门合作等方式，建立“干中学”机制，提高监管能力。更多运用高科技监管执法装备武装监管队伍，加强新一代数字和信息技术投入，加强配备先进执法记录仪、检验监测设备等高科技监管设备，积极运用“互联网+监管”等新模式，以有效缓解监管执法力量不足的问题。

二是夯实市场监管数字化基础。推进“数字中国”建设，通过积极应用新一代信息科学技术，推动信息化、自动化、智慧化监管发展，提高监管效能。制定市场监管信息系统总体规划。成立市场监管信息系统领导小组，组织各监管部门、被监管对象、高校、科研院所等第三方机构，结合市场监管已有数据条件和科技基础，统筹规划系统需求、关键技术、框架体系、数据标准、数据采集方案及相关法律法规等内容，建立健全“事前防范、事中应对和事后处理”的一整套可评估、可预警、可处理、可追溯的市场监管机

制。制定各行业监管，乃至整个市场监管的数据标准，加强监管数据资产管理。建立严谨完善的数据监测、采集、报送和核查体系。统一各行业、各监管部门的数据标准和统一口径，建立数据第三方核查或交叉核验机制，保证监管信息一致性、真实性和可靠性；打通各板块、各条线监管的数据壁垒，实现各个市场监管之间、市场监管部门内部、市场监管部门与其他政府部门及社会机构的信息整合和联动共享，实现数据全方位、多场景分析应用，驱动市场风险监测识别、模拟评估和预警处理。

三是完善多方、跨界的市场监管机制。树立系统性监管理念，统筹多方监管力量，调动政府、社会、企业等各方面资源，构建企业主责、行业自律、政府监管、社会监督的共治格局。发挥企业市场主体自治作用。进一步完善"谁生产谁负责、谁销售谁负责、谁经营谁负责"的企业第一责任人制度，提升企业行为规则和行为透明度，引导企业合法经营，依法承担质量和安全管理、营销宣传、售后服务、安全生产、应急处置等相应的生产和经营责任。发挥行业自律作用。加强商会、协会等行业组织建设，支持和鼓励行业组织建立行业标准和自律规范，建立与市场监管部门的常态化机制化沟通合作机制，发挥行业组织桥梁作用，引导企业依法合规经营，承担相应的社会责任。发挥社会监督作用。进一步完善监管投诉举报平台，拓展投诉举报渠道，引导社会公众、中介机构、新闻媒体等对市场秩序的监督，发挥消费者对企业经营活动的直接监督作用，健全激励和保护消费者制度。发挥各行业、各地区政府监管的协同作用，建立健全跨部门、跨市场、跨区域监管联动响应和协作机制。

（执笔人：郭琎）

参考文献

国家市场监督管理总局. 市场监管概论[M]. 北京：中国标准出版社，中国工商出版社，2021.

刘志成，臧跃茹. 构建现代市场监管体系：现实基础、改革方向与推进思路[J]. 宏观经济研究，2021（8）：5−16，27.

王成文. 我国产品质量安全监管体制研究[D]. 武汉：武汉理工大学，2007.

王磊，等. 数字经济监管治理研究[R]. 中国宏观经济研究院课题报告，2020（a）.

王磊，等. 新时期加强互联网平台监管研究[R]. 中国宏观经济研究院课题报告，2020（b）.

吴汉洪. 市场监管与建设现代化经济体系[J]. 学习与探索，2018（6）；97−104.

杨炳霖. 监管治理体系建设理论范式与实施路径研究——回应性监管理论的启示[J]. 中国行政管理，2014（6）：49−56.

张小宁. 积极推进市场监管治理体系和治理能力现代化[J]. 中国市场监管研究，2020（5）：9−11.

植草益. 微观规制经济学[M]. 北京：中国发展出版社，1992.

Viscusi， W.K.， J.E. Harrington and J.M. Vernon.反垄断与管制经济学[M]. 北京：中国人民大学出版社，2010.

Baldwin， R.， M. Cave， M. Lodge. Understanding Regulation: Theory， strategy， and practice. Oxford University Press， 2012.

Financial Conduct Authority （FCA）. Regulatory sandbox lessons learned report. 2017.

第六章

完善商品期货交易市场建设
强化市场预期引导和舆情管理

内容摘要：新冠肺炎疫情暴发以来，全球大宗商品价格剧烈波动，对于经济运行和企业经营造成较大困难，其中，期货现货价格联动机制引起了多方关注。在百年未有之大变局的时代背景下和新的发展要求下，期货市场的发展定位、功能作用和创新监管面临较大的发展机遇和风险挑战，加快完善期货交易市场建设，要坚持以高质量发展为引领，系统梳理期货市场的发展成就与不足短板，大力发展和完善期货市场配置功能，不断夯实大宗商品供应基础，加快完善期（现）货市场价格监管和预警分析机制，及时加强市场预期引导和舆情管理。

新冠肺炎疫情暴发以来，面对错综复杂的国内外环境，党中央、国务院坚持稳中求进工作总基调，精准调控，定向发力，及时出台一系列保供稳价政策举措，有力保障国民经济平稳运行。2022年开年以来，受全球疫情冲击、供需错配等多重因素影响，全球大宗商品价格波动剧烈，经济运行和中小企业经营面临物流受阻、资金紧张、成本上涨等难题。国家先后采取了提高部分产品出口关税、加强穿透式监管、严厉查处哄抬价格等违法行为、投放国家储备、规范重要商品价格指数发布等措施，有效应对了大宗商品价格大幅波动带来的风险和挑战。“十四五”时期，国内外经济形势依然错综复杂，不确定因素较多，大宗商品价格波动对国内经济运行产生的影响和风险仍需要高度重视。在落实好已出台政策措施基础上，进一步从战略上大力发展期货市场，加快完善期货交易规则和制度，创新和完善调控方式方法，应对大宗商品价格波动风险，为经济持续平稳发展创造良好环境。

第一节　商品期货交易的经济功能与行为策略

一、实现套期保值

作为市场催生的风险转嫁工具，商品期货从起源和机制上是为实体经济服务的。商品期货及其市场交易本质上是商品交易。在传统的现货市场交易中，买卖双方未来均有可能面对价格波动风险。为规避价格波动风险，交易者可在商品期货市场充当买方或卖方角色，将风险进行转移，实现套期保值。比如，买方提前从期货市场买进原材料、半成品，从而锁定自身未来生产成本，规避因原材料、半成品涨价带来的风险。卖方提前在期货市场售出自己的产品，锁定未来销售利润，避免因产品价格大幅下降造成的损失。套保者参与期货市场交易的根本目的不在于赚多少钱，而是寄望通过套期保值操作，规避现货市场价格波动风险，从而实现自我保护。

套期保值总体上是转移风险，而非消灭风险。首先，套保者寻求规避的风险来源于自身生产经营活动，并非来自于期货市场。其次，有时套保者之间的相互交易能够同时使双方风险敞口减小，但大多数情况下，由于套保者的对手方是非实体企业（也称投机者），风险敞口只是转移给投机者，而非消失。再次，套期保值策略可能并不完美，风险可能不能完全规避，但与不套保相比，套期保值能够减少套保者自身的生产经营风险。最后，多数情况下，期货市场中的套期保值比例偏低，多数交易为投机者之间的买卖，此时期货市场的风险转移能力下降，反而可能滋生新的投机风险，而这些投机风险往往与货币政策、财政政策、产业政策、地缘政治等密切相关。

二、远期价格发现

商品期货市场是重要的价格发现场所。一个高效的商品期货市场拥有大量的套保者和投机者。为实现保值和盈利，他们需要增强自身预测能力，需要花费大量时间和精力研究商品的供求基本面信息。这些信息将直接影响到商品期货价格走势，并通过期货和现货之间的套利机制，将信息传递至现货市场。值得指出的是，商品期货市场的价格发现功能似乎被经济学家们广泛认可，但这一功能发挥作用需要满足一些条件。其中一个重要条件是，期货市场和现货市场所确立的价格能够准确反映商品供求基本面，如果偏离基本面，商品期货市场的价格发现功能可能大打折扣。此外，现货市场的竞争程度及市场化程度、期货市场的交易成本、交易主体结构、交易规模和流动性也都可能影响到商品期货市场的价格发现功能。

商品期货市场可以给现货市场定价，但关键前提是现货市场具有较高竞争程度。当前大宗商品的定价基本上已经“期货化”。也就是说，现货市场交易者基本上看期货市场来定价，一般以期货价格为基础再加上一定幅度的升贴水，也称基差定价。之所以选取期货价格作为定价基础，主要是因为现货市场在地理上是分散的，而且市场中的参与者数量、资金规模、交易成本相对于期货市场也不具优势。这里需要特别指出的是，商品期货市场的定价基准是建立在现货市场具有较高的竞争基础之上。如果现货市场垄断程度较高，少数垄断者对现货商品则会有较高定价权力，现货市场的价格变化主要依赖于垄断者或寡头的产量决策以及他们之间的博弈结果，由于这些信息透明度低、不确定性高，不利于期货市场交易者对现货市场价格形成稳定预期，期货市场可能出现定价基准失灵现象。

三、交易投机策略

投机者是期货市场中不可或缺的参与者。投机者是套保者风险的重要承接者。绝大多数情况下，套保者的对手方是投机者，投机者以期通过承接套保者的风险获取利润，这体现出期货市场“零和博弈”的特点。实际上，很多期货交易双方都存在投机行为。投机者是期货市场流动性的重要提供者。投机者参与期货市场交易，增加了期货市场中买卖报价的总量，流动性的增加能够让套保者在较短时间内以较低成本建仓或平仓，从而实现套期保值目的。实际中，当同一商品在不同交易所同时上市时，套保者更愿意选择在流动性较大的交易所交易。投机者是期货市场价格发现的重要参与者。为了获取利润，投机者需要收集和评估当前信息，并对商品未来的供求关系以及价格走势进行研究判断。如果市场中的投机者是理性的，投机者的策略集合能够让期货、现货价格充分反映当前和未来商品的供求关系。

投机者交易策略可能放大期货和现货市场的价格波动。在商品期货市场发展过程中，为牟取暴利，投机者试图操纵期货和现货市场，从而加剧商品价格大幅波动。为阻止这些不当交易行为，目前交易所和监管部门制定了一系列法规。不过从理论角度看，大家对投机者是否会加剧商品价格波动莫衷一是。弗里德曼和一些顶尖经济学家认为，由于投机者低买高卖才能获利，因此有理由认为他们的行为会稳定价格而非扰乱价格。与之相反的观点认为，要使投机行为能够真正起到稳定价格的作用，需要满足一个关键条件，即平均而言，投机者的预测应该相对合理准确。也就是说，投机者的判断不能太偏离商品基本面。如果这一条件不能满足，投机者就有可能高买低卖，此类助涨杀跌行为往往会加剧商品价格的波动。

第二节 大宗商品期货价格与现货价格的关系

一、大宗商品的基本特征与价格变化的特性

大宗商品具有四个方面的基本特征。一是大宗商品的供给量、需求量、贸易量、运输量规模大。例如，近些年我国煤炭产量约有40亿吨，进口量在2亿吨左右，消费量约有42亿吨，国内下水煤有7.5亿吨左右。二是属于社会再生产中的基础性初级产品。大宗商品处于供应链、产业链的最上游，包括主要的能源类产品（原油、煤炭、天然气等）、重要的基础性矿产品（铁矿、铜矿、铝土矿等）、重要的基础性农产品（粮食、植物食用油、棉花等）。三是易于标准化。由于大宗商品的同质性比较强、品种比较单一，而且易于标准化，所以成为期货市场的主打产品。目前，铜期货、铁矿石期货、动力煤期货已成为上海期货交易所、大连商品交易所、郑州商品交易所的明星交易产品。四是与国际和地缘的政治经济关系的关联性强。国际和地缘政治经济关系中的一个重要目标，就是争夺大宗商品的控制权、定价权，所以国际地缘政治经济关系的风吹草动往往会影响到部分大宗商品的供求格局。

除与普通商品同样受市场供求基本面决定外，大宗商品价格变化还具有特殊性。一是周期性。大宗商品价格变动具有非常鲜明的周期性，主要是因为它体量大，而且又是非常基础的初级产品，无论从国际经济还是国内经济来看，它与宏观经济基本面走势密切相关。当经济进入新一轮增长周期时，大宗商品价格必然会呈现出普遍的上涨趋势。而当进入衰退周期中，大宗商品价格会出现普跌趋势。二是交易行为的结构性。大宗商品的供给方和需求方，在全球来说分布非常不均衡。供给方高度集中在少数重要国家或地区，

同时有足够支付能力、有大量市场需求的也集中在少数国家。而且基础性的初级产品，产业集中度比较高，市场结构基本上是一个垄断和半垄断型。所以，结构性特征可认为是影响大宗商品价格形成和价格变化的一个重要原因。三是衍生金融性。由于大宗商品是期货市场的主打产品，其本身具有很强的金融属性。而且结构性特征也意味着，大宗商品具有非常大的贸易量。它的价格变化与国际货币体系、国际汇率、国际贸易密切相关。四是敏感性。大宗商品价格变化不同于一般商品，敏感性特别强。因为大宗商品是重要的基础性初级产品，处于产业链的最上游，扩散面广，它的价格变化会对整个宏观经济形势有明显影响，包括物价稳定、经济增长、充分就业等。同时，它与国际和地缘政治经济关系密切相关，所以容易出现突发性的“黑天鹅”事件。

二、期货价格与现货价格的联动关系

商品期货价格与现货价格归根结底是由商品供求基本面决定的。值得注意的是，商品期（现）货价格变动背后的因果逻辑很难从大量的研究计量中得到准确清晰的解释。商品的期货现货价格引导关系实证研究起步较早，目前这个领域的研究成果可谓汗牛充栋。但值得注意的是，这种引导关系背后的因果逻辑，根本无法用计量统计模型去检验。本质的区别在于，计量统计模型主要从可预测性的角度出发，研究期货价格和现货价格谁是先行指标，而我们认识中的因果关系是一种逻辑上的顺序，大部分时候难以用计量统计模型去刻画这种传导路径。关于商品期（现）货市场引导关系分析，主要是统计学意义上的引导性滞后性分析，至于背后的真实因果逻辑，还需结合宏观经济、财政金融政策、产业政策、行业周期、季节因素、天气情况等主客观因素加以分析说明。

世界经济在2020年以来遭受了新冠肺炎疫情的严重冲击，面临百年未有之大变局，一些国家经济增速严重下滑衰退，通过各国加大宏观经济调控和扶持实体经济的多项政策措施，也仅有中国在主要经济体中实现正增长，但新冠肺炎疫情病毒不断变异多发，各国多次激增病例，国际贸易流动、人员往来和供应链继续出现严重限制，特别是关系大宗商品运输的BDI（波罗的海干散货运价指数）持续出现暴涨，由2020年3月底的548点一度上涨到2021年10月初的5650点，增长超过10倍，不仅国际运力严重衰竭，而且运输成本持续增加。供应紊乱、运输中断、疫情反复和流动性宽松，在较短时间内叠加共振，不断持续强化大宗商品的价格上涨趋势。疫情暴发以来，主要发达国家为了应对疫情冲击，纷纷选择“开闸放水”：美国广义货币供应量M_2较2019年增加5万亿美元（32.3万亿元人民币）；欧元区增加了1.8万亿欧元（13.8万亿元人民币）；日本增加128万亿日元（7.6万亿元人民币）。在逐利动机驱使下，全球海量流动性逐步从贵金属、债券向虚拟资产、股市再向大宗商品市场传递，通过输入性方式向我国国内市场传导，不断助推大宗商品价格持续快速上涨。根据统计数据，较2008年国际金融危机时期的价格水平，2021年9月，除了涨幅最低的制造业为18%左右之外，农林牧渔业、采矿业、石油、炼焦及核燃料加工业、黑色金属冶炼业及压延加工业等与大宗商品密切相关的行业价格涨幅分别高达77.5%、150.2%、147.9%和43.3%。期货市场交易对于2020年以来大宗商品价格上涨的影响值得关注。数据显示，2021年4—5月，主流贸易商每日建筑钢材现货成交量较2019年明显放大，在限产预期下钢材贸易流通速度明显加快，存在一定投机交易；甚至一度出现短期持仓比大幅升高的情况，期货市场的投机交易在一定程度上不断放大了现货市场的价格波动。

第三节　我国期货市场取得的发展成就与短板不足

随着经济快速发展和综合国力的不断增强，我国商品期货市场成为开放经济日趋成熟和市场化体制改革加快推进的现实缩影。经过早期形成、起步探索、治理整顿和全面发展等阶段，20余年的发展已形成了比较成熟的市场，取得了显著成就。与西方国家的发展途径不同，我国采取了“自上而下”的政府干预思路，建立规范的市场交易制度与交易规则，确立三级监管的组织架构，培育了日益增长的市场规模并较好发挥了市场功能。2009年我国商品期货市场成交量首次超越美国，成为世界第一，连续11年在全球商品期货、期权成交总量中占据大半江山，取得了令人瞩目的历史成就。主要表现在如下几方面。

一是坚持做大做强，期货市场规模不断提速壮大。根据美国期货业协会数据显示，2010—2019年，中国商品期货成交量已经连续10年位居全球期货市场首位。截至2019年，全球场内衍生品总成交量约为344.75亿手，同比增加13.7%，亚太和拉美地区贡献了重要增量份额。在场内衍生品成交量排名中，上海期货交易所、大连商品交易所、郑州商品交易所依次位列第10、11、12名。农产品期货中，我国豆粕、菜籽粕、棕榈油期货位居前三；金属期货中，前4位均为我国品种；能源期货中，我国燃料油、石油沥青、焦炭、中质含硫原油、动力煤、焦煤期货均居前20。我国已经形成全球影响力较大的衍生品市场，期货市场的战略地位明显提高。

二是坚持服务实体经济导向，交易品种不断丰富。截至2021年8月底，我国已上市期货、期权产品94个，涵盖农产品、金属、能源、化工、金融等国民经济重要领域，其中，商品期货64个、商品期权20个，金融期货6个、金融期权4个，不断满足企业风险管理的个性化需求，为经济活动和市场交易提供价格指引，促进市场流通，推动完善现代市场体系。

三是坚持中国特色的创新监管，完善交易规则体系。坚持把保护投资者特别是广大中小投资者合法权益作为根本监管使命，把严监管、防风险、促稳定放到更加突出的位置，提升有效监管和科学监管水平，为参与者提供“公开、公平、公正”的市场环境和政策体系。在充分吸收国外监管经验的基础上，突出“一户一码”为基础的穿透式监管、期货保证金安全存管监控、期货市场运行监测监控制度为重点，构建信息交换、风险预警、共同风控和联合调查等在内的统一协作监管体系和跨市场联合监管机制。

我国期货市场经历了20年的快速发展，有力地促进了国民经济的持续健康发展，由于市场体系建设的渐进性和多种综合因素的局限性，与高标准市场体系的要求相比，我国期货市场的发展还存在着一些较为明显的不足和短板。

一是期货市场配置资源的核心功能不充分。以套期保值为例，尽管我国企业参与期货套期保值的比例逐年提升，但与国外企业相比，参与度依然偏低。2009年，国际掉期与衍生工具协会（ISDA）针对世界500强企业的一项调查数据显示，共有94%的公司使用衍生工具来对冲风险。但相关数据表明，我国跨国企业运用衍生品进行风险对冲的比例仅为23%，远低于发达国家60%左右的水平，更明显低于世界500强企业比例。

二是推动形成大国经济定价中心的作用存在较大差距。作为全球经济增长的重要引擎，中国在加快工业化、城市化进程的同时，对大宗商品的需求十分旺盛，重要战略物资和工业原材料的对外依存度居高不下。截至2021年，我国原油对外依存度达72%、铁矿石对外依存度82%、大豆对外依存度85%。我国是世界多种战略资源的最大消费国和最大进口国，虽然在一些金属领域，“上海价格”开始发挥一定作用，但是有全球影响力的国际定价机制目前还没有充分形成，期货市场的国际化和规模化对于国际定价中心的形成还需要付出艰巨努力。

三是市场结构失衡和监管法律法规不完善有待加快培育健全。一方面，目前我国现有的期货市场主体结构不合理，由于市场容量较小和个性化品种不足，市场活跃度和影响力较其他市场明显偏弱，专业机构投资者较少，缺乏专业知识的散户偏多，交易目标多为投机价差收入，加上从事经纪业务的期货公司不仅在数量偏少，且整体水平偏低，缺乏国际竞争力，经济效益不高，服务和创新意识不足。另一方面，中国期货市场已进入良性发展道路，但期货立法进程较为滞后，第一个规范期货市场条文的是1999年6月的《期货交易管理暂行条例》，并在2007年正式将其正式发布。由于市场存在着较高的活跃度和不稳定性，但受到多种因素的综合影响，我国期货市场的立法步伐明显较慢，与经济运行、风险监管以及国家战略的要求还不能较好适应。

第四节　完善期货交易市场建设、化解大宗商品价格波动政策建议

一、大力发展和完善期货市场配置功能

进一步从战略高度明确期货市场的发展定位。在面对百年未有之大变局的时代背景下，应进一步从国家战略高度重视期货市场发展运用，引导和推动期货市场发展与实体经济高质量相适应，坚持集中统一和严格监管，包括加快《期货法》出台，建立以市场需求为导向的产品上市注册制，加快发展场外衍生品市场，培育具有国际竞争力的市场主体和市场交易环境。

完善保证金和限仓制度。在套期保值和投机策略中，当大宗商品供给偏紧，且市场一致预期看涨时，原本做空的生产企业可能转而做多，在生产企业、消费企业、贸易商、投机者一致看涨预期推动下，商品期货价格可能持续大幅上涨，期货市场容易放大现货市场价格涨幅。而当大宗商品供给过剩，且市场一致预期看跌时，原本做多的消费企业可能转而做空，在市场参与者的一致看空预期推动下，商品期货价格可能持续下跌，期货市场容易放大现货市场价格跌幅。所以，当商品期货交易所以及监管部门意识到市场失灵、市场价格远离供求基本面时，为增加投机者交易成本，须预先大幅增加其保证金要求以及限制开仓单数。

优化期货市场投资者结构。要使期货市场价格发现功能充分发挥，需要实体企业充分参与，投机者更加理性。因此，改善投资者结构，培育机构投资者，要积极建立和培育以法人企业、大型机构投资者为主的投资者群体，培育机构投资者和理性投资者。要完善对国有企业套期保值操作效果的评判机制，科学设置会计信息披露，优化国有企业参与期货市场的考核机制。从适度放松管制着手，稳妥推动国外企业和金融机构进入境内期货市场，进一步优化投资者结构，提升国内期货价格有效性和期货市场影响力。

提高相关中介机构对企业参与期货交易的服务和支持水平。我们应该充分意识到，商品期货市场是微观企业转嫁大宗商品价格波动风险的重要场所。为使企业保持稳健运营，降低涨价或降价风险对自身经营的影响，有必要促进企业特别是中小企业更大程度参与期货交易。一是提高期货公司为产业客户的服务水平。二是支持为套期保值提供专门咨询服务的咨询公司发展。为企业提供风险管理咨询的公司能较好地将自身目标与套保企业目标保持一致。三是加强金融机构对企业参与套期保值业务的金融支持。主要是对从事套期保值业务的企业提供优惠的信贷支持。国际上，对于从事套期保值业务的企业在信贷上提供优惠条件成为通行的做法。金融机构在放贷时，往往会通过各种方式鼓励企业参与套期保值，以提高还款能力。例如，世界银行在给发展中国家发放援助性的工业原材料贷款时，就要求接受贷款的国家或企业参与相关的期货市场进行保值。

二、夯实大宗商品供应基础

一方面，保持重要商品必要的自给率。重点围绕对外依存度偏高的铁矿石、铜精矿、原油等战略初级产品，综合考虑国内外宏观经济环境、国内产业发展状况、宏观中观微观政策、价格波动风险、国内储备规模等，科学合理确定我国的自给率目标。完善重要大宗商品储备制度。储备是调节供需平衡的关键一环。当市场失灵时，供需平衡难以及时恢复，需要政府有效利用储备进行调控，降低价格的大幅波动对国民经济运行的影响。建议进一步完善大宗商品国家储备制度，加强国家战略储备、政府调控储备、商业储备和企业义务储备有机结合。建立相关部门牵头，统一研究制定储备发展战略和政策并组织实施。国际大宗商品价格波动具有周期性，耐心等待商品价格跌至周期底部时，增加铁矿石、铜、原油等战略性大宗商品储备规模，进一步优化储备品种结构。探索建立市场化储备调节机制，通过主动规范发布储备吞吐信息，有效引导市场主体交易行为。认真探索将外汇储备与商品储备结合起来，通过商品市场将外汇储备转化为实物资源。

另一方面，积极扩大海外权益资源。大宗商品的结构性特征明显，不仅体现在供给端和需求端，也表现在供给端的内部。为避免受制于人，保障大宗商品供应安全，建议积极扩大海外权益资源，尤其是在国际大宗商品价格滑入低位、诸多资源出口国经济深陷困境时，通过“以资金技术换资源”“产能合作换资源”等多种途径方式，加强与原材料输出国合作，持续加大交通、能源等基础设施互联互通。鼓励实体企业出海，支持勘探、开采、储运、加工、技术服务等相关企业走出去，实现国际产能合作，巩固增强海外大宗商品供应能力。此外，加强物流安全保障。加强海上、陆上战略性大宗商品物流安全，强化通道布局建设，特别是要增强我国对外海洋能源资源运输战略支点、关键节点港口、通道的影响力和控制力。完善进出口调节机制。根据国际市场价格波动和国内市场供求情况，研究建立进出口暂定关税税率调整机制，鼓励出口或进口，增加国内市场供应或扩大出口需求，促进国内大宗商品及重要工业原材料价格稳定。

三、完善期（现）货市场价格监管和预警分析机制

加强宏观经济大势研判能力。大宗商品价格波动的周期性、金融性、结构性、敏感性特征非常明显，而这些特性与全球经济增长、主要经济体宏观政策、全球贸易运输、大国地缘政治经济博弈密切相关。当前正处在百年变局和世纪疫情的交织期，全球供应链紊乱不畅，全球流动性仍较宽裕，市场失灵现象容易频发，放大资源和能源类商品价格波动，弱化市场这只“看不见”的手对资源的有效配置。所以，我们应超前预判大势，提前谋划部署，精准有效调控。建议由相关职能部门牵头，建立跨部门宏观经济形势分析会商机制，重点研究主要经济体货币财政政策、全球经济增长、全球商品贸易投资、地缘政治经济风险、极端事件冲击对大宗商品及重要工业原材料价格波动趋势的影响，提出务实性举措，形成大宗商品市场和价格形势分析报告，为国家宏观调控科学决策提供支撑。

提升市场价格监测预测预警能力。建立全球大宗商品市场及重要工业原材料价格监测预测预警机制，建立健全大宗商品数据库，密切跟踪国内外大宗商品的生产、贸易、运输、消费、库存、价格等信息，加快建立大宗商品价格趋势变动的预测预警模型，制定合理的风险分级和针对性的响应机制，构建高效的预警信息处理和报告系统。数据是监测预测预警的基础。学习参照美国农业部等部门组织，定期开展中国大宗商品供需平衡表编制。

加强不同部门的监管协作，宏观调控部门、市场监管部门以及期货交易所共建期（现）货市场监管协作工作机制，定期磋商沟通，协作形势研判，协同监管工具，保障期货与现货市场稳定运行。构建重点机构或企业巡查机制，设定重要大宗商品重点关注企业白名单，建立日常合规监督以及异动期间突击检查机制，通过重点企业监督检查来保障大宗商品市场价格稳定。

加强国际交流与合作。当前国际大宗商品价格全球联动性特别强。建议重点围绕动力煤、铁矿石、精铜矿等重要商品，依托国内行业协会、重点企业、知名投资机构等，加强与主要资源生产国和输出国相关部门、相关国际组织、知名商品供应商、国际知名期（现）货市场、国际资讯机构、大型投资机构的合作交流，通过线上视频会、线下研讨会等多种方式，及时获取市场买卖的交易逻辑，提升大宗商品及重要工业原材料价格走势研判的前瞻性。

四、加强市场预期引导和舆情管理

加快改变社会各界对期货市场的认识。商品期货根本上是为实体经济而生，是一个很好的风险转嫁工具。所以消除一些对期货市场的认知偏见是很有必要的。

一是“期货市场风险巨大，是重要的风险来源”。事实上，期货市场是一个进行风险转嫁的场所。市场参与者主要包括套期保值者（风险厌恶）和投机者（风险偏好），价格风险从套期保值者手中转移到投机者手中，风险并未增加或是减少，只是进行了有效转移。当然也要注意到，多数情况下，期货市场中的套期保值比例偏低，多数交易为投机者之间的买卖，此时期货市场的风险转移能力下降，反而可能滋生新的投机风险，所以应鼓励支持套期保值者参与期货市场交易，发挥套期保值功能。

二是“现货市场价格暴涨暴跌主要为期货市场所致，是经济运行的不稳定因素”。实际上，商品期货价格与现货价格归根结底是由商品供求基本面决定的，而且这种因果逻辑关系根本无法用模型检验。即便认为期货市场对现货市场起到推波助澜作用，但这种助推力相比供求基本面的失衡因素则要小得多。

建立权威统一的信息发布体系。由相关职能部门、协会分工负责，重点围绕大宗商品及重要工业原材料总体情况，定期进行信息发布，包括生产、消费、储备、流通、贸易、价格和预测等信息；定期发布中国版大宗商品供需平衡表，并进行宣传解读。类似于美国商品期货交易委员会（CFTC），由相关监管部门牵头发布国内大宗商品相关期货和期权市场持仓数据，逐步形成持续、完备的数据，促进市场公开透明，增强对市场的影响力。

规范做好市场预期引导。理论上，预期具有自我强化可能。管理者应该对市场的主流观点和情绪有充分认识，并基于当前的客观事实，保持与市场的沟通，不断地引导和强化市场预期。例如，为促进煤炭价格回归合理区间，相关职能部门多管齐下引导预期，及时释放政策信号规范引领市场主体行为。主要通过两微一端（微博、微信及新闻客户端）、新闻发布会、司局负责人接受采访、官方媒体宣传等多种方式，连续发布政策信息引导市场主体预期和行为。在官方网站上发布查处涉煤造谣信息行为的信息。相关部门第一时间公开曝光信息，及时纠正了期货市场参与者不合理的看涨预期，有效维护了煤炭市场秩序，为煤炭保供稳价工作开展创造了良好的舆论环境。

（执笔：刘强 徐鹏）

参考文献

大连商品交易所. 期货与企业发展案例[M]. 北京：机械工业出版社，2017.
胡俞越. 中国期货市场的发展回顾与展望[J]. 北京工商大学学报（社会科学版），2020（4）.
美国众议院农业委员会. 期货期权交易对经济的影响研究[R]. 1985.
冉华. 建设中国特色期货市场 高质量服务实体经济发展[J]. 清华金融评论，2021（10）.
徐鹏. 价格形势分析的理论与实践[M]. 北京：中国经济出版社，2019.
张驰，丁亚辉. 浅谈我国期货市场存在的问题及未来发展[J]. 金融视线，2020（7）.

第七章

有色金属保供稳价的经验和对策
提高资源全球化配置能力

内容摘要：党的十八大以来，我国政府对铜、铝、锌等有色金属较为精准地实施了系列调控措施，保供稳价的效果较为明显。实践证明，在市场失灵、有色金属价格出现不正常上涨的情况下，国家采取综合措施，加强调控监管，引导有色金属价格回归合理区间，是有效市场和有为政府有机结合的充分体现。然而，对外依存度较高但缺乏价格影响力，对全球资源控制力不足，有色金属循环利用率偏低，绿色刚性需求加剧供需缺口等原因，将影响相关调控政策的实施效果。基于此，进一步完善相关保供稳价的调控政策，统筹发展和安全、国内与国际，提高矿产自主供应能力和供应链、产业链韧性以及资源全球化配置能力，加快推动重要大宗商品国际定价中心建设，完善对有色金属商品的价格干预措施。

第一节　促进有色金属保供稳价的历史经验

党的十八大以来，我国政府对铜、铝、锌等有色金属较为精准地实施了包括放储增供、打击投机、加强预期等调控措施，保供稳价的效果较为明显。例如，利用储备调节机制，制定和实施了具有针对性的有色金属商品投放策略；积极统筹国内国际两个市场两种资源，加大了铜、铝、锌等有色商品的全球配置能力；加强市场监管，打击恶意炒作和囤积居奇；积极发挥有效市场作用，提高有色金属循环利用率；强化市场预期管理，为稳定有色金属价格奠定重要作用。实践证明，在市场失灵、有色金属价格出现不正常上涨的情况下，国家采取综合措施，加强调控监管，引导有色金属价格回归合理区间，是有效市场和有为政府有机结合的充分体现。

一、积极发挥储备市场调节作用，缓解有色金属市场供给失灵问题

为有效解决有色金属市场供给失灵的问题，以及缓解企业原材料成本压力，积极发挥了有效政府作用，借助储备市场增加了有色金属的市场投放，也实现了对有色金属价格的调节。2021年以来，国家发展改革委连同国家粮食和物资储备局，根据铜、铝、锌等有色金属行业供需缺口情况，制定和实施了具有针对性的有色金属商品投放策略。例如，应对此轮有色金属商品价格上涨，截至2021年9月底，国家粮食和物资储备局已投放4批国家储备铜铝锌，累计57万吨。未来，还将综合考虑有色金属商品对我国经济发展和国防安全领域的重要性，以及有色金属的稀缺性、外部可获得性等因素，进一步系统规划、科学优化储备的品类、规模、结构。如表7–1所示。

表7–1　2021年有色金属储备投放情况（单位：万吨）

批次	铜	铝	锌
1、6月	2	5	3
2、7月	3	9	5
3、8月	3	7	5
4、9月	3	7	5
总计	11	28	18

资料来源：国家粮食和物资储备局。

二、统筹国内国际两个市场两种资源，加大有色金属的全球配置能力

利用国内国际两个市场两种资源，加大对铜铝锌等有色金属商品的全球配置能力。例如，西非国家几内亚现在是世界第二大铝土矿生产国，也是全球铝土矿储量最多的国家。为了保障我国铝矿资源安全，河南国际、中铝、国电投、特变电工等众多企业进入几内亚，打造中国海外矿业基地，不断丰富资源储备。由中国宏桥、烟台港集团、新加坡韦立、几内亚UMS公司等4家组成的企业联合体——赢联盟于2014年进入几内亚铝土矿市场，2015年7月20日实现出矿，目前赢联盟全年可出产铝土矿约4000万吨。中铝几内亚博法铝土矿项目保有可开发资源量约17.5亿吨，开采年限长达60年。特变电工和国电投分别于2018年4月和8月获得采矿证，目前项目正在稳步推进。

又如，我国也积极加快海外铜矿投资。2014年7月，由五矿资源牵头组成的联合体以70.05亿美元接手秘鲁拉斯邦巴斯特大铜矿，这是中国矿业走出去历史上交易额较大的项目。2016年7月，拉斯邦巴斯铜矿进入商业化生产，同年拉斯邦巴斯产铜33万吨，占五矿资源全年产铜的65.60%。此后，五矿继续通过现有矿山扩建或海外收购的方式扩大铜产能。

再如，国外盐湖锂资源的开发主要集中在智利和阿根廷，硬岩锂开发主要集中在澳大利亚西部地区，天齐锂业、赣峰锂业等中国企业积极“走出去”，参与了大量澳大利亚硬岩锂开发项目的投资。通过主动出击，有效缓解了我国部分有色金属储量不高、开采不足导致供需缺口的问题。

此外，海关加快“放管服”改革，精准助力有色金属进口，进一步弥补国内供需缺口。例如，作为河北省进口铜精矿最多的口岸，秦皇岛海关精准助力铜精矿进口。首先，提前了解装货港条件及货物计重方式等情况，为进

口铜精矿量身定制监管方案，确保计重结果准确、及时。其次，建立港方、磅房、代理、海关多方联系机制，跟踪船舶装卸动态，实施7×24小时作业。最后，制定《汽车衡鉴重现场工作规范》，细化工作流程，加强现场监管，及时出具重量鉴定证书，为国内收货人与供货方结算提供依据。上述措施的实施加快了有色金属的入关以及向市场的投放。2021年9月以来，秦皇岛口岸共进口铜精矿26批次、重量12.2万吨，同比分别增长8.3%、100%，创历史新高。

三、积极发挥有效市场作用，促进有色金属再生产业发展

为弥补我国有色金属矿产资源不足以及满足国内有色金属消费需求，我国政府积极鼓励有色金属再生产业大力发展。例如，对资源综合利用产品和劳务部分即征即退增值税税额，鼓励和推进再生有色金属生产企业的技术升级改造以及实施绿色化、数字化转型。目前，我国部分生产企业的工艺技术已经达到国际先进水平，首套国际先进的再生铝灰处理生产线投产。部分再生有色金属企业积极加快数字化、智能化改造，信息化平台的建设已经覆盖了相关核心业务。各地区依托国家城市矿产示范基地和循环经济示范园区建设，大力推进企业规模化发展。目前，我国单个企业最大的再生铜、再生铝生产能力分别已超过50万吨/年、30万吨/年，最大的废铅蓄电池处理能力超过90万吨/年。近年来，中国再生有色金属产量一直保持着快速增长，2020年铜、铝、铅再生金属产量分别占其金属总产量的32.4%、20%、37.25%，为满足国内有色金属消费需求作出了一定贡献。

四、加强市场监管，打击恶意炒作和囤积居奇

诸多有色金属的金融属性较强，其价格的上涨除了由于周期性、结构性因素外，还与宽裕流动性、投机有关。在应对铜铝等有色金属商品价格大幅上涨时，我国还加强了市场监管，不断强化对国内大宗商品期（现）货市

场的联动监管。例如，在党的十八大以来的多轮应对措施中，着力加强了期货市场穿透式监管，梳理排查异常交易，依法严厉查处资本恶意炒作行为。尤其是在本轮大宗商品价格大幅上涨时，各大期货交易所先后对部分价格上涨过快品种涉及的期货合约，提高了交易保证金、交易手续费，同时还采取了扩大涨跌停板幅度等监管措施，这些措施的实施一定程度上抑制了市场过热，防止了恶意炒作。另外，加强价格行政执法，严肃查处了串通涨价、哄抬物价、囤积居奇行为，以及制造紧张气氛、扰乱市场秩序等价格违法违规行为。例如，在本轮调控中，国家发展改革委和国家市场监管总局等相关部门联合约谈了铜、铝等行业具有较强市场影响力的重点企业，打击了恶意囤积居奇、哄抬价格等炒作行为，引导商品价格更多回归基本面。与此同时，几轮应对措施中，均积极构建了良好的市场秩序，强化依法严厉查处达成实施垄断协议等行为。另外，也积极发挥了行业协会作用，强化行业自律，力求把问题消灭在源头。

五、强化市场预期管理，为稳定有色金属价格奠定重要作用

积极稳定市场预期对于稳定大宗商品价格具有重要作用。几轮应对有色金属商品大幅上涨时，中央均一直强调，对于大宗商品价格上涨，需要正视，但也不必恐慌。例如，在应对本轮大宗商品价格上涨时，各级政府多次强调，商品价格上涨主要是由多个暂时性因素决定的，比如周期性和流动性因素，不具备长期持续上涨的基础。此外，也大力宣传了我国宏观调控的政策空间仍然充足，我国具有强大的市场潜力、齐全的制造业门类，并且市场自我调整的适应性也较强。因此，只要积极行动、综合施策、科学应对、形成合力，就能消除国际有色金属商品价格持续上涨预期以及稳定企业经营信心，就一定能稳住国内降低实体经济运行成本这个大局，并能够持续推动经济高质量发展。事实证明，每次有关调控大宗商品价格的国务院

常务会议召开后，都能起到市场预期管理的作用，会后有色金属价格均有一波下调。

六、精准施策，缓解中小微企业经营成本上升

大宗商品价格上涨最大的受害者就是处于产业链下游的中小微企业。处于产业链弱势地位的中小企业议价能力弱，受到上游涨价快、下游提价难的“两头挤压”，只能被动接受有色金属原材料成本上涨。如果出现大量中小企业因为无法承受成本压力而停工停产甚至退出，将会影响我国就业、居民收入甚至产业链安全。基于此，相关政府还精准实施了缓解中小微企业经营成本上升的举措。例如，主要从税费减免、贷款补贴、降低运输和制度性成本等方面进行“精准滴灌”，一定程度上帮助小微企业、个体工商户应对成本上升带来的生产经营困难。此外，继续开展清理拖欠中小微企业账款专项行动。支持大型企业搭建重点行业产业链供需对接平台，用市场化办法引导供应链上下游稳定原材料供应和产销配套协作，做好保供稳价。

第二节　当前影响应对措施实施效果的因素分析

目前，由于对外依存度较高但缺乏价格影响力，对全球资源控制力不足，有色金属循环利用率偏低，绿色刚性需求加剧供需缺口等原因，将影响相关调控政策的实施效果。

一、对外依存度较高，缺乏价格影响力

目前，重要矿产资源主要集中分布在少数国家，我国有色金属的矿产储量与消费量严重不平衡。2019年中国铜、铁、锌等主要金属资源储量分别占

全球金属资源储量的4%、9.6%、9%，而中国铜、铁、锌等主要金属消费量分别占全球消费总量的47%、53%、48%。这种不平衡就导致我国有色金属商品对外依存度高且持续增强，也导致供应缺乏弹性，供应风险加大。据统计，目前铜精矿、铝土矿、锌矿对外依存度分别超过80%、60%、30%，稀有金属钴、镍、锰的对外依存度更高达97.1%、91.5%和91%。具体来看，2019年我国进口铜精矿539.7万吨，占全球铜精矿总产量的26.74%，主要来自于智利、秘鲁等国；我国进口铅精矿161.2万吨，占全球铅精矿总产量的17.1%，主要来自于俄罗斯、澳大利亚、秘鲁等国；我国进口锌精矿317.4万吨，占全球锌精矿总产量的12.4%，主要来自于澳大利亚、秘鲁、俄罗斯[1]。而且，我国一直缺乏与消费大国地位相匹配的价格影响力，尚未掌握重要有色金属商品的国际定价权。在此次价格快速上涨过程中，作为主要购买方，我国大宗商品价格影响力不足、价格话语权缺失问题再次凸显。未来，我国要加快重要有色金属商品国际定价中心建设。

二、本土供应能力不高，对全球资源控制力不足

基于对境外资源的高度依赖，不少企业已经积极“走出去”参与境外有色金属矿产资源的勘查开发。虽然目前我国已经取得了一定价值的矿业权，形成了一定规模的铜、铝、铅、锌权益产能。但是，中国矿业公司在资源性资产配置方面，无论是资源种类、禀赋状况还是资源规模，与世界矿业发达国家相比仍有较大的差距。总体上，中国对全球资源的控制力还比较弱，境外权益资源产量占进口资源量的比重仍较低。同时，我国即便具有较高储量的有色金属，但也由于诸多原因开采不足，导致本土供应能力较弱。例如，2019年中国锂储量为100万公吨，占世界总储量的5.9%，居全球第四。同

[1] 数据来源于：国际铅锌研究小组（ILZSG）、中华人民共和国海关总署。

时，中国也是全球少有的、同时具有锂云母、盐湖锂和锂辉石等三类资源的国家。但由于外部开发条件差、资源品质低、技术水平受限等因素，国内资源开发受限，2020年国内锂资源供给约占消费量的20%。未来，我国还需要持续完善国内有色金属商品的供应链，做深做细强链补链工作。

三、与发达国家相比，我国有色金属循环利用率不高

当前美国等西方发达国家对铜、铝、铅、锌等有色金属的循环利用已超过 60%，有的国家甚至已没有处理原生矿的冶炼厂，可见我国有色金属循环利用率与发达国家相比还有较大的差距，主要原因如下。

一是产业归类需进一步规范。虽然废旧金属回收利用行业分别列入到了我国现行《国民经济行业分类（GB/T 4754—2017）》、《绿色产业指导目录（2019年版）》以及《战略性新兴产业分类（2018）》，但是进入这三个目录中的有关废旧金属回收利用行业的类别名称不尽相同。目前，由于产业归类不规范，使得部分再生有色金属产业不能享受到部分政策。

二是税收优惠政策的适用范围有限。依据《资源综合利用产品和劳务增值税优惠目录》，满足一定条件下，比如产品原料中有较大比例来自于相关资源，再生有色金属企业可享受30%～50%的增值税即征即退。但是，该目录的优惠范围偏窄，并未对减免范围进行及时更新，诸多产品原料未列入其中。以再生铝为例，除现行目录所列原料，企业在生产中还会用到其他含铝废料，比如废五金、废旧建筑铝模板等，但是这部分企业采用相关废料生产出的产品并未享受即征即退的税收优惠。

三是原料保障体系尚不健全。目前，受到环保等相关政策影响，我国可进口的废旧金属原料品种较少。并且，我国废旧金属再生利用行业中的集散和加工配送环节十分薄弱，原料分类预处理精细化程度低，难以满足加工利用企业对原料规模和品质的需求。虽然我国在国外也陆续布局了拆解加工产

业基地，但还没有形成具有示范性的专业化国际产能合作园区。

四是领军、龙头企业较少。我国废旧金属回收利用行业发展滞后，该行业市场主体以中小企业为主，缺乏领军、龙头企业。

五是再生利用的关键核心技术亟待突破。目前，我国再生有色金属产业基础研究不强，重大关键核心和共性技术研究不足。例如，精细化分选、保级利用技术研究不足，再生铜渣、再生铝灰渣的资源化和无害化处置缺乏技术规范。

四、提振绿色刚性需求，进一步导致供需缺口

全球产业结构绿色转型提振了有色金属需求，这将进一步扩大全球有色金属的供需缺口，进而影响我国相关调控政策的实施效果。例如，美国准备重返“巴黎协定”，中国2030年前实现碳达峰、2060年前实现碳中和目标的出台与实施，欧元区也在积极推动新能源发展和绿色发展等，引发了市场对全球经济绿色转型的预期，而各国对新能源技术创新等方面投入支持，将带动铜、锂、钴等基础材料的长期需求。国际能源署2021年5月份发布的报告显示，为实现《巴黎气候协定》中明确提出的全球升温控制在2摄氏度以内的目标，到2040年全球清洁能源矿产需求至少翻番，锂、钴、镍、石墨烯等矿产需求分别增长30倍、21倍、19倍和25倍。可见，绿色需求的提升必将为商品走强提供动力。

五、受地缘政治或者其他“灰犀牛”因素影响，部分有色金属供应不稳定

有色金属商品具有战略性属性，与国际地缘政治的关联性强，是大国博弈的焦点。大国博弈和国际地缘政治经济关系的变化也往往成为其供求格局形成和价格异常波动的重要原因。目前，国家间和国家内部两极分化严重，

地缘政治冲突的引爆点增多、敏感性增强。比如2021年6月中旬，智利全球最大铜矿发生罢工，对本已偏紧的全球铜供应构成进一步威胁，助推了价格上涨。故而，使得我国调控政策在高度依赖进口的部分有色金属面前黯然失色。此外，我国政府实施的能耗双控、去产能（部分有色金属中间产品去产能）等政策，也助长了部分有色金属价格。

第三节　进一步完善有色金属保供稳价调控体系的政策建议

我国在加快构建以国内大循环为主体、国内国际双循环相互促进的新发展格局之时，应统筹发展和安全、国内与国际，提高矿产自主供应能力以及资源的全球配置能力。针对上述因素，我们应在实践中进一步完善相关调控政策，实现更加精准调控。比如，健全有色金属储备调节和应急保供预案，提升有色矿产供给体系对国内需求的适配性，进一步促进有色金属再生产业发展，加快推动重要大宗商品国际定价中心建设，完善对有色金属商品的价格干预措施。

一、健全有色金属储备调节和应急保供预案

着力优化有色金属商品储备体系和储备调节能力，加快推进中央和地方储备、企业商业库存互为补充的多层次储备体系建设，通过市场化机制合理引导社会资本参与储运设施建设和运营。适度扩大储备规模和有色金属的储备种类。同时，加强市场化放储机制建设，鼓励企业择机、有序放储，针对重点品种研究制定工业原材料保供稳价预案，重点防范供应链断裂，完善紧急事件应急处置机制。

二、进一步提高有色金属供给与国内需求的适配性

应加强对战略性矿产的调查、勘查和开发利用统一规划，建立安全可靠的矿产供给和保障体系，提升矿产供给体系对国内需求的适配性。一方面，要进一步巩固和加强对我国矿产资源的勘查和资源开发，摸清我国矿产资源家底，打造战略性矿产资源稳定供应的核心区，提高本土矿产资源供应能力和保障程度。另一方面，加强境外资源布局和开发，构建合理的海外有色金属的供应体系。为降低海外矿产资源投资过度集中于某个国家所可能引发的市场风险，应在逐步扩大海外矿产资源投资规模的同时，优化海外投资布局的结构，建立海外矿产资源开发投资指导目录，引导企业在拉美等优质矿产资源区进行投资布局和开发。

三、进一步促进有色金属再生产业发展

未来，我们应从明晰产业归类、扩大优惠范围、保障原料供应、加强海外布局等方面，进一步促进有色金属再生产业的发展，从而提高矿产利用的效率，解决供需缺口问题。

一是规范和明晰产业归类。适时修订《国民经济行业分类（GB/T 4754—2017）》，在废弃资源综合利用产业项下，单独列出再生有色金属行业，进一步明晰和扩展相关行业的具体内容，改变目前笼统的提法，这样有利于为相关有色金属再生企业享受相关产业政策等提供有效依据。

二是完善相关税收政策。为进一步优化有色金属再生产业发展的市场环境和减轻相关企业的税收负担，根据实际再生产业发展的变化，应适时修订《资源综合利用产品和劳务增值税优惠目录》（简称《目录》），将部分原

材料列入《目录》中，扩大增值税优惠范围，同时做好相关注释工作。

三是加强原料保障。拓宽进口原料种类，争取再生变形铝合金原料、镍铝青铜制的废螺旋桨、笔芯用锌白铜等再生原料进口。建设一批原料集散和加工配送基地，培育一批大型加工配送中心或企业。建立和完善国外供货商及国内收货人资质认定体系。

四是加强海外投资和布局。为确保我国有色金属供应链安全和稳定，将有色金属循环利用列入国家间绿色产业政府合作项目。支持企业“走出去”，在“一带一路”沿线国家合作共建再生金属产业园，增强海外矿产就地转化加工能力。

五是加强核心技术前瞻性研究以及关键技术的利用。推进再生产业绿色化发展的核心技术研究。推动报废的武器装备材料和战略性金属国防军工产品的回收再生利用研究。提高精炼技术，实现分选精细化、配料自动化，提高熔炼回收率和相关产品的质量，进而增强再生有色金属利用率。推动再生铝合金的开发及应用，研究制定再生铝灰渣处置的技术规范以及再生铜杆技术的相关规范准则。

四、完善对有色金属商品的价格干预措施

我国《价格法》第三十条明确规定，当重要商品和服务价格显著上涨或者有可能显著上涨时，国务院和省、自治区、直辖市人民政府可以对部分价格采取限定差价率或者利润率、规定限价、实行提价申报制度和调价备案制度等干预措施。该措施的实施，可以直接促进那些与国计民生密切相关的重要商品价格回归合理区间，促进相关市场实现供求基本面平衡。有色金属是重要资源，与国计民生密切相关，如果当有色金属价格脱离供需基本面且呈现进一步非理性上涨趋势时，国家发展改革委应充分运用《价格法》规定的一切必要手段，启动对有色金属价格进行干预的具体措施，对达到一定规模

的生产企业实行提价申报等，努力保证有色金属价格基本稳定和市场正常供应。同时，还需要积极构建有色金属市场价格形成机制，例如探索构建“基准价格+浮动价格”的定价机制。

五、加快推动重要大宗商品国际定价中心建设

从市场准入、技术标准、服务规则等方面，提升国内三大商品期货交易所的竞争力，推动交易所国际化进程，打造全球商品期货交易中心，建立客观反映亚太地区大宗商品市场供需关系的定价基准。促进大宗商品期货和现货市场一体化发展，加强期货和现货市场联动监管机制建设。结合市场需求导向，丰富上市品种，探索完善期货品种上市制度，推进国内大宗商品期货市场制度型开放，优化投资者构成结构，广泛吸引国际投资者，提升价格影响力，更好服务实体经济发展。推广使用“中国价格”进行大宗商品贸易和宣传报道，重点提高央企、国企以及行业龙头企业使用“中国价格”的积极性，建立健全规范套期保值的容错与免责机制。充分发挥银行等金融机构参与打造国际定价中心的功能，在严守安全底线的前提下，逐步允许国内商业银行参与更多大宗商品衍生品市场交易。

（执笔人：杨宜勇 刘方）

参考文献

金观平.从战略上确保能源矿产安全[N]. 经济日报，2021-12-01.
卢延纯，赵公正，张学武.加强监测 引导预期 遏制大宗商品价格不合理上涨——国际大宗商品价格上涨及对我国的影响和应对策略[J]. 价格理论与实践，2021（6）:4-8.
马哲，李建武.中国锂资源供应体系研究：现状、问题与建议[J]. 中国矿业期刊，2018，27（10）:1-7.
中国有色金属工业协会再生金属分会.“十四五”再生有色金属产业发展战略研究思路和重点[EB/OL]. http://www.cmra.cn/cmra/xiehuigongzuo/20210715/233392.html.
张倪.大宗商品价格连创新高，政府连续出手“降温”[J]. 中国发展观察，2021（11）:29-31.

第八章

煤炭保供稳价工作的经验及建议
引导煤炭价格回归合理水平

内容摘要：煤炭是我国最大的能源支撑。新冠肺炎疫情暴发以来，我国煤炭消费超预期增长，煤价随之大幅上行。为确保煤炭安全稳定供应，确保经济社会平稳运行，我国积极开展煤炭保供稳价工作，取得了显著成效。重要举措主要有：积极推动煤炭稳产增产，着力提升煤炭供应保障能力，调节电价完善煤炭需求侧管理，加强监管规范市场运行秩序，依法依规引导煤炭价格回归合理区间。

在推进煤炭保供稳价工作的同时，我们也积累了丰富实践经验，主要有：系统谋划部署，体现有效市场和有为政府有机结合，深入调查研究，各方协同推进，积极引导预期。为进一步精准预判煤炭市场变化，健全宏观调控政策体系，建议超前预判大势，提前谋划部署，精准有效调控。

煤炭是关系国计民生的重要商品，在国家能源供应中发挥着重要的基础作用和兜底保障功能。2021年以来，受我国经济持续恢复和国际大宗能源原材料价格上涨影响，我国煤炭消费超预期增长，供给偏紧。为确保煤炭安全稳定供应，确保人民群众温暖过冬，确保经济平稳运行，国家发展改革委迅速落实党中央、国务院决策部署，积极开展煤炭保供稳价工作，取得了显著成效。在应对此次煤炭价格大幅上涨的实践中，我们进一步积累了对做好煤炭保供稳价工作的规律性认识，但也看到工作中存在一些不足。在此，亟待系统总结调控方式、方法和经验，以备更好做好煤炭生产供应和稳价工作。

第一节　煤炭保供稳价主要成效

随着煤炭保供稳价措施的不断落地见效，我国煤炭产量快速增加，电厂和港口存煤持续上升，煤炭期现货价格大幅回落。不仅稳住了国内能源保供这个大盘，也对缓解全球能源价格上涨压力起到了积极作用。

一、煤炭产量持续大幅增加

随着煤矿核增产能释放、建设煤矿逐步投产、临时停产煤矿复产，2021年9月以来，煤炭产量保持持续增长态势。据国家统计局数据，2021年10月和11月全国煤炭产量3.6亿吨和3.7亿吨，同比分别增长4%和4.6%，其中产煤大省内蒙古有明显增长，10月和11月产量为9378万吨和9753万吨，同比增长9.7%和5.5%。根据调度数据，2021年11月以来煤炭产量仍在稳步增长，11月日均产量1236万吨，比10月增加74万吨，其中山西、陕西、新疆等多省份煤炭产量均创近年来新高。

二、电厂和港口存煤加快提升

电煤供应持续增加，电煤铁路装车保持在6万车以上的历史高位，2021年11月以来电煤装车同比增长超过35%。随着全国煤炭产量和市场供应量的持续增加，以及中长期合同的全覆盖和燃煤发电市场化电价的上调，电厂存煤加快回升。11月23日，电厂存煤达到1.47亿吨，比10月底增加超过3500万吨，可用23天，较9月底增加10天，超过常年水平，2022年冬至2023年春发电供暖用煤得到有力保障。其中，东北三省电厂存煤1527万吨，比9月底提升1倍以上，可用天数达到31天。北方主要港口的煤炭库存水平稳步提升，

11月21日存煤超过2500万吨，较11月初上升500万吨。

三、煤炭期（现）货价格大幅回落

随着全国煤炭产量和供应量增加、电厂和港口煤炭库存提升，良好的煤炭供需形势持续巩固，动力煤期（现）货价格快速向合理区间回归。2021年10月19日以来，郑商所动力煤期货主力合约连续多日下跌，截至2021年12月10日收盘价为680元/吨，较10月19日高点1982元下跌65.7%；秦皇岛港5500大卡动力煤现货平仓价降至1000元/吨以下，降幅超过1000元/吨，晋陕蒙主产区煤矿坑口价降至900元/吨以下。

四、国际煤炭、原油等能源价格大幅回落

随着国内煤炭调控成效日益显现，国际煤炭价格也大幅回落，2021年12月澳大利亚纽卡斯尔动力煤现货价格降至160美元/吨，较10月15日高点253美元下降接近40%。国内煤炭价格大幅下行，直接影响到国际原油市场参与者市场预期，之前的原油替代煤炭需求预期大为减弱，再叠加主要消费国石油战略储备投放以及全球疫情的持续反复，导致国际原油期货价格大幅回落。2021年12月，布伦特和WTI国际原油价格每桶回落至75美元和70美元附近，相比10月下旬和11月上旬高点下跌超过10%。

第二节　应对市场冲击的重要举措

为确保煤炭安全稳定供应，促进煤炭市场回归理性，促进煤炭价格回归合理区间，国家发展改革委会同有关方面扎实做好煤炭增产增供工作，重点保障发电供热用煤需要，深化燃煤发电上网电价市场化改革，并及时开展煤炭价格调控，规范煤炭市场运行秩序，进行煤炭保供稳价工作督导，开展煤

炭生产流通成本调查，完善煤炭市场价格形成机制。

一、多措并举推动煤炭稳产增产

供求理论表明，短期快速增加生产和供给有助于缓解供求压力，促进价格回归合理区间。在《国家发展改革委关于做好2021年能源迎峰度夏工作的通知》（发改运行〔2021〕1058号）中，国家就已明确坚守安全生产底线，加快推进煤炭优质产能释放。要求各产煤地区组织指导煤炭生产企业在确保安全的前提下科学组织生产，保障稳定生产；晋陕蒙等重点产煤地区要带头落实增产增供责任，加快释放优质产能；大型煤炭企业要发挥好表率作用，在确保安全的前提下按最大能力组织生产。要求各地和有关中央企业积极协调和组织具备条件的煤矿抓紧落实产能置换方案，加快优质产能煤矿建设进度和手续办理，有序实施技术改造和减量重组，尽快实现建设煤矿依法依规投产达产。同时，还鼓励赋存条件好、安全有保障、机械化水平高的生产煤矿，通过产能置换重新核定生产能力，持续增加有效供给。

在2021年10月19日煤电油气运重点企业保供稳价座谈会上，国家进一步明确了释放煤炭产能和稳定增加煤炭产量的积极信号。释放煤炭产能方面，在已核增产能的基础上，通过挖掘生产煤矿产能核增潜力、基本建成煤矿加快进入联合试运转、停工停产煤矿抓紧复工复产、允许煤矿释放应急储备产能等多种途径，再释放一批煤炭产能。增加煤炭产量方面，要求四季度所有煤矿要在确保安全的前提下，按满负荷安全合理组织生产。各地要在节假日和重大活动期间保持煤矿正常生产，严禁随意关停煤矿，严禁因个别煤矿出现事故“一刀切”区域性停产煤矿，确保煤矿在安全条件下能产尽产，力争煤炭日产量达到1200万吨以上。

为切实保障国家出台的一系列能源保供稳价措施落实落地、取得成效，国家发展改革委多次派出督导组，赴相关重点省份和相关企业开展能源保供工作督导。督导工作以现场督导为主，重点督导有关省份、企业煤炭增产增供政策落实情况，核增和释放先进产能情况，有关项目建设投产手续办理情况。督导工作坚持以问题为导向，督促相关地方、企业对照国家能源保供稳价政策措施自查自纠。针对释放先进产能中企业遇到的困难和问题，督导工作深入企业和相关部门，推动落实“放管服”各项要求，帮助企业协调解决影响产能释放的突出问题，通过采取并行办理相关手续等措施，努力增加煤炭供应。

正是由于国家发展改革委会同有关方面多措并举，煤炭稳产增产取得明显成效。经严格安全评估，2021年9月以来允许153座煤矿核增产能2.2亿吨/年，相关煤矿已陆续按核定产能生产，四季度可增产5000万吨以上。将具备安全生产条件的38座建设煤矿列入应急保供煤矿，允许阶段性释放产能，合计产能1亿吨/年。为60余座煤矿办理接续用地手续，确保1.5亿吨/年以上产能稳定释放。积极推动符合条件的临时停产停工煤矿复工复产，加快恢复煤炭市场供应。

二、有效调节提升煤炭供应保障能力

各地和大型煤炭企业多措并举，建立健全了煤炭供给体系，确保了煤炭特别是电煤供应的稳定可靠。有关方面将电煤保障作为工作的重中之重，千方百计落实煤炭资源，及时帮助存煤偏低电厂协调落实煤源和运力，将电厂存煤天数提升到合理水平。同时，鼓励有条件的地方和企业在煤炭生产地、消费地、铁路交通枢纽、主要中转港口建立煤炭产品储备，按照合理辐射半径，培育建设一批储煤基地。

自2021年9月以来，国家发展改革委组织各省区市经济运行部门积极推动主要煤炭生产企业、保供煤矿以及发电供热企业等产运需各方，在年度中长期合同的基础上集中补签采暖季煤炭中长期合同，推进发电供热用煤中长期合同全覆盖。目前，成效十分显著，在已签订年度中长期合同的基础上，发电供热企业与煤炭企业又签订了1.5亿吨中长期合同，绝大部分省份合同签订率达到或接近100%，部分省份中长期合同煤炭缺口已落实煤源，正在抓紧签约。同时，为更好发挥煤炭中长期合同的市场“压舱石”作用、监督督促合同双方积极履约，国家发展改革委组织国家公共信用信息中心、全国煤炭交易中心，开发和健全完善了煤炭中长期合同履约数据监测系统。该系统定期监测、汇总、统计中长期合同履约情况，并统一纳入公共信用监管。对弄虚作假等相关违法违规行为将记入信用记录，纳入全国信用信息共享平台并在“信用中国”网站向社会公示。

各地、各有关单位深入贯彻落实党中央、国务院关于推进运输结构调整的决策部署，加强重点地区、重点线路煤炭运输保障，挖掘潜力推动煤炭增运上量，优先保障发电供暖用煤的运输需求，加大低库存电厂和电煤中长期合同保供力度，保障生产的煤炭及时运到需要的地方。为发电供热企业直保煤炭中长期合同全覆盖提供运力保障，加强产运需衔接，国家发展改革委2021年9月29日发布了《关于做好发电供热企业直保煤炭中长期合同全覆盖铁路运力保障有关工作的通知》（发改办运行〔2021〕750号）。在2021年10月19日煤电油气运重点企业保供稳价座谈会上，国家发展改革委高度重视煤炭运输保障能力，要求铁路、港航企业切实组织好车船调配和港口装卸，深入挖掘煤炭外运通道运输潜力，努力增加发往主要煤炭中转港口的铁路运力。按照党中央、国务院决策部署，国铁集团等铁路运输企业充分发挥了铁路煤炭运输骨干作用，集中资源全力组织增运，铁路煤炭发运量屡创历史新高，有力保障了煤炭增产增供、存煤快速提升。据调度数据显示，2021年10月下旬全国铁路日均煤炭装车超过10万车，同比增长14.5%，创近年来最高水平。大秦铁路10月底集中检修提前结束后，每日发运量保持在130万吨以上，助推秦皇岛煤炭港口库存保持在500万吨以上。

三、调节电价完善煤炭需求侧管理

为保障电力安全稳定供应，有效抑制电力无序需求，国家发展改革委于2021年10月11日发布《关于进一步深化燃煤发电上网电价市场化改革的通知》（发改价格〔2021〕1439号）。通知要求，将燃煤发电市场交易价格浮动范围由现行的上浮不超过10%、下浮原则上不超过15%，扩大为上下浮动原则上均不超过20%，高耗能企业市场交易电价不受上浮20%限制。目前，江苏、山东、湖北、山西等地新增市场交易价格已按价格政策实现近20%的上浮。大部分地区上调工商业电价，再加上有序限电，有效遏制了“两高”项目的不合理用能，有助于煤炭市场供需平衡调节、促进煤炭市场价格加快回归合理区间。

四、加强监管规范市场运行秩序

由于市场主体之间存在信息不对称，致使市场主体在趋利动机的作用下有意破坏市场公平交易规则，有必要加强监管规范市场运行秩序。国家发展改革委会同有关部门，密切关注煤炭市场动态和价格走势。2021年10月27日，国家发展改革委联合国家市场监管总局，分赴晋陕蒙煤炭主产区和秦皇岛等北方主要下水煤港口，开展煤炭现货市场价格专项督查。督查组深入煤矿、交易市场、发运站、储煤场、码头堆场、煤炭贸易企业、用煤单位，实地调查煤炭现货市场价格，督促有关市场主体守法合规经营。事实上，在2021年10月中下旬，国家发展改革委就已密集组织督导组和调研组赴河南、河北、内蒙古等地开展煤炭保供稳价工作督导和调研工作。督导组和调研组坚持“零容忍”态度，对未严格落实煤炭保供稳价要求的地区和企业进行约谈，严厉打击囤积居奇、哄抬价格、价格串通等违法行为，切实维护了煤炭市场秩序。

加强煤炭期（现）货市场联动监管。在加强煤炭现货市场监管的同时，国家发展改革委也高度重视期货市场监管。2021年10月19日，在郑州商品交易所调研，要求郑州商品交易所着力加强期（现）货市场穿透式监管，梳理排查异常交易，依法严厉查处资本恶意炒作行为并公开曝光，为煤炭保供创造良好的资本市场环境。为有效维护市场秩序，上海期货交易所、郑州商品交易所、大连商品交易所也对上涨过快的煤炭产业链相关期货合约加强管理，通过采取提高交易保证金标准、提高交易手续费标准、扩大涨跌停板幅度等临时性措施，杜绝资本恶意炒作煤价。

持续加强信息监测，对散布煤价不实信息坚持“零容忍”。2021年9月8日，国家发展改革委监测到陕西榆林煤炭交易中心发布煤价不实信息后，立即责成榆林市进行调查。榆林市第一时间责令该公司停止更新发布煤炭价格和市场运行的有关新闻信息，并暂时关闭该公司运营的两个公众号。同时榆林煤炭交易中心也作出承诺，今后不再通过任何渠道发布与实际不符的煤炭市场运行相关信息。2021年10月21日，监测到某自媒体信息称陕西省榆林市部分煤矿停产停销，少数煤矿继续涨价。发现上述信息后，国家发展改革委立即责成陕西省有关部门组织调查核实。经核实，上述信息均为虚假信息，所称煤矿未停产停销和继续涨价。国家发展改革委已责成地方政府有关部门立即对相关信息发布机构和个人进行调查，依法依规严肃惩处。2021年11月3日，国家发展改革委约谈《期货日报》，针对其发布的关于煤炭保供稳价工作的失实报道，要求其严守真实、客观、公正原则，严禁捏造、散布煤炭相关不实信息。

规范煤炭价格指数行为。2021年10月下旬，国家发展改革委成立工作组，根据《重要商品和服务价格指数行为管理办法（试行）》（国家发展改革委令2021年第43号），对12家煤炭价格指数编制发布主体，启动价格指数行为评估和合规性审查。从初步评估和合规性审查的情况来看，部分煤炭价格指数行为存在不合规问题，对市场形成误导，一定程度上导致价格涨幅脱离供求基本面。国家发展改革委将按照有关规定进一步核实，对评估和合规性审查认定存在违规行为的主体，采取约谈、公开曝光、限期整改、暂停发布、列入失信名单等惩戒措施；对构成违法的，由相关部门依法追究法律责任。

五、依法依规引导煤炭价格回归合理水平

为促进煤炭市场回归理性，促进煤炭价格在合理区间运行，2021年10月19日，依据《价格法》，国家发展改革委研究依法对煤炭价格进行干预的具体措施。《价格法》第三十条明确规定，当重要商品和服务价格显著上涨或者有可能显著上涨时，国务院和省、自治区、直辖市人民政府可以对部分价格采取限定差价率或者利润率、规定限价、实行提价申报制度和调价备案制度等干预措施。具体包括以下两方面工作：一是建立健全煤炭生产流通成本调查制度，二是完善煤炭市场价格形成机制。

关于建立健全煤炭生产流通成本调查制度，国家发展改革委做了大量前期调查研究工作。在2021年10月19日煤炭保供稳价座谈会召开不久，国家发展改革委就迅速组织各地发展改革委、重点煤炭生产企业、贸易企业和用煤企业，开展煤炭生产、流通成本和价格专项调查，详细了解煤炭生产企业成本情况、销售价格，贸易企业煤炭购进和销售价格，煤炭流通费用，用煤企业采购价格等相关情况。2021年10月22日，国家发展改革委又召集中国煤炭工业协会和部分重点煤炭企业开会，研究制止煤炭企业牟取暴利、保障煤炭价格长期稳定在合理区间的具体政策措施。之后不久，国家发展改革委在地方对煤炭生产流通企业进行成本调查的基础上，组织多个调研组，赴煤炭主产区对重点煤炭生产企业和流通企业进行实地调研，为研究确定煤炭价格合

理区间和制止煤炭企业牟取暴利提供科学依据。在前期煤炭生产成本调查基础上，国家发展改革委又多次召开专题会议，深入研究了煤炭生产流通成本调查制度，重点讨论了对煤炭价格进行干预的具体措施，包括干预范围、干预方式、价格水平、实施时间，以及保障措施等具体问题。

结合前期的煤炭生产成本调查成果，国家发展改革委正加快研究建立规范的煤炭市场价格形成机制。按照《价格法》及制止牟取暴利等相关法律法规规定，国家发展改革委正研究将煤炭纳入制止牟取暴利的商品范围。统筹考虑煤炭行业的合理成本、正常利润和市场变化，国家发展改革委研究建立“基准价+上下浮动”的煤炭市场价格区间调控长效机制。该机制有助于引导煤炭价格在合理区间运行，使煤炭价格真实反映市场供求基本面，防止价格大起大落。当煤炭价格超出合理区间上限，可根据《价格法》有关规定，按程序及时启动价格干预措施；当煤炭价格过度下跌超出合理区间下限，可综合采取适当措施引导煤炭价格合理回升。同时，也加强了煤炭市场价格形成机制与燃煤发电市场化电价机制的衔接。鼓励煤炭企业与燃煤发电企业在合理区间内开展中长期交易，鼓励燃煤发电企业与电力用户在中长期交易合同中明确煤炭、电力价格挂钩联动机制。

第三节　煤炭宏观调控的主要经验

国家发展改革委认真贯彻党中央、国务院决策部署，精心谋划、扎实推进煤炭保供稳价工作，在取得较好成效的同时，也积累了丰富实践经验。

一、系统谋划部署

“十四五”规划指出，经济社会发展必须坚持系统观念。煤炭保供稳价工作是一项系统工程，涉及上中下游各环节，须运用系统论的方法来统筹分析研判并综合施策。产供储销全链条谋划部署，强化供需双向调节，有效缓解市场压力。

生产环节，发挥我国特色社会主义制度优势，集中力量办大事，在紧急情形下特事特办，在确保安全情况下加快推进煤炭优质产能释放，全力保持煤炭稳产增产。

供应环节，注重有效调节，切实提升煤炭运输保障能力，大力推动“公转铁、公转水”，充分发挥各种运输方式的综合效能，及时帮助存煤偏低电厂协调落实煤炭资源和运力。

储备环节，加强储煤设施建设，强化发电供暖用煤中长期合同全覆盖，提升电煤库存水平，加强调峰能力建设，提高电力系统灵活性。

销售环节，深化燃煤发电上网电价市场化改革，扩大市场交易电价上下浮动范围，缓解煤电价格矛盾。建立健全煤炭生产流通成本调查制度，加快完善煤炭市场价格形成机制。

二、体现有效市场和有为政府有机结合

煤炭是关系国计民生的重要商品，充分发挥市场在资源配置中的决定性作用，更好发挥政府作用，对保障能源安全、保持国民经济稳定运行意义重大。在市场失灵、煤炭价格出现不正常上涨的情况下，国家发展改革委会同有关部门，综合采取市场化、法治化措施，及时纠正市场失灵，引导煤炭价格回归合理区间并保持在合理区间内运行。

市场化手段，持续推进煤炭核增产能，全力保持煤炭稳产增产；深化燃煤发电上网电价市场化改革，有效缓解煤电企业生产成本上涨压力。

法治化手段，按照《价格法》第三十条及相关法规，研究出台煤炭价格干预措施，开展煤炭生产流通成本调查，启动价格指数行为评估和合规

性审查。

市场监管手段，依法依规严厉查处扰乱煤炭市场秩序行为，研究煤炭企业哄抬价格、牟取暴利界定标准，调查国内期货、现货市场大宗资金来源和投资炒作行为，依法加强商品期货交易所监管，正确引导市场主体预期。

行政化手段，制定有序用电方案，抑制高耗能行业企业用电，确保电力供应安全稳定。

三、深入调查研究

习近平总书记指出，“调查研究是谋事之基、成事之道”。煤炭保供稳价工作政策性、专业性强、涉及面广，关系各方面利益和产业结构调整，充满各种风险挑战。在推进煤炭保供稳价工作中，国家发展改革委始终将深入调查研究、精心谋划部署作为工作的首要任务。通过深入调研，全面梳理煤炭重点领域、关键环节的客观情况，把握客观规律，做到明察实情；准确把握煤炭保供稳价工作中存在的突出问题，深入剖析主要矛盾，做到心中有数；精心谋划调控方案，充分听取各方面意见，反复论证，研判影响，做好预案，确保调控目标、措施符合实际，接地气、能落实。例如，在研究出台煤炭价格具体干预措施过程中，国家发展改革委不仅要求各地提供煤炭生产成本调查研究报告，同时也多次召集专家学者、行业协会、煤炭企业、煤电企业、电力用户等多方主体共同参与研究干预方案，并多次组织调研组赴煤炭主产区调研煤炭生产流通成本情况。这些调查研究工作为建立健全煤炭生产流通成本调查制度，完善煤炭市场价格形成机制打下了坚实基础。

四、各方协同推进

做好煤炭保供稳价工作必须坚持系统观念，坚持全国“一盘棋”。国家发展改革委在煤炭保供稳价工作中坚持统筹协调，形成了部门联动、央企协同、政企互动的良好局面，凝聚了强大调控合力。

强化部门联动，煤炭保供稳价工作涉及能源、安全、土地、环保、交通、市场监管等多个部门职能。只有各部门密切合作、协同联动，方能事半功倍。根据煤电油气运保障工作部际协调机制，国家发展改革委定期与国家能源局、国家矿山安全监察局、生态环境部、国家市场监管总局等有关部门召开部门会商会议，综合分析研判煤炭市场供需和价格形势，研究确定煤炭增产稳产工作安排，协调推进其他各项煤炭保供稳价的措施。

强化央地协同，国家发展改革委加强煤炭保供稳价工作总体安排和统筹协调，积极指导地方做好相关工作。煤炭主要产区在中央指导下加快释放先进产能，实现采暖发电用煤中长期合同全覆盖，提升电厂存煤水平。煤炭消费大省严格落实有序用电方案，从需求侧发力，尽可能缓解阶段性煤炭供给压力。

强化政企互动，煤炭市场涉及微观主体众多，不乏大型煤炭生产和发电企业。在本轮煤炭保供稳价工作中，相关企业发挥着关键作用。在政府协调指导下，重要煤炭生产、运输、流通、销售企业带头保供稳价，尤其是国有企业，充分体现出积极履行社会责任的担当和作为。

五、积极引导预期

理性预期理论认为，经济政策的效力除去政策本身应符合经济运行的实际需要以外，还须注意到市场主体对经济变动的预期及其反应。权威部门发声，能够及时起到稳定军心作用，能够引领预期促进煤炭价格回归合理区间。国家发展改革委多管齐下引导预期，及时释放政策信号规范引领市场主体行为。主要通过两微一端、新闻发布会、司局负责人接受采访、官方媒体宣传等多种方式，连续发布政策信息引导市场主体预期和行为。例如，国家发展改革委分别于2021年9月8日、10月22日、11月3日在官方网站上发布查处涉煤造谣信息行为的信息。信息第一时间公开曝光，及时纠正了期货市场参与者不合理的看涨预期，有效维护了煤炭市场秩序，为煤炭保供稳价工作开展创造了良好的舆论环境。

第四节　完善建议

在应对煤炭价格上涨的风险挑战中，我们进一步积累了对煤炭保供稳价工作的规律性认识，但也查找出自身的短板和不足。今后，有待进一步精准预判煤炭市场变化，健全宏观调控政策体系，促进有效市场和有为政府更好结合。

一、超前预判大趋势的能力有待加强

当前正处在百年变局和世纪疫情的交织期，全球供应链紊乱不畅，全球流动性持续宽松，市场失灵现象容易频发，放大了资源和能源类商品价格波动，弱化了市场这只“看不见”的手对资源的有效配制。所以，我们应超前预判大势，提前谋划部署，精准有效调控。建议完善顶层制度设计，建立针对极端灾害天气和疫情等不可抗力的应急预案。加强煤炭等重点大宗商品产供储销全链条动态监测和风险预警、应急处置联动机制。前置调控措施，保持生产适量过剩以及流通环节通畅。

二、各方事前协同能力有待增强

本轮煤炭价格上涨既有下游需求旺盛因素，也有上游供应偏紧原因。导致煤炭供应偏紧的因素众多，其中重要一条是产业、安全、环保等多个部门的政策目标存在冲突和不协调问题。应坚持系统观念，树立全国一盘棋理

念，更好发挥中央、地方和各方面积极性，着力扬优势、强弱项。因此，须进一步提升宏观治理能力，加强跨部门跨地区协同配合，避免出现分解谬误和合成谬误问题。建议加强多部门政策目标的协调性，明确阶段性主要目标，进一步优化煤电油气运保障工作部际协调机制，稳妥有序推进产业升级、安全生产、低碳发展、环境保护等多项工作。要立足以煤为主的基本国情，抓好煤炭清洁高效利用，增加新能源消纳能力，推动煤炭和新能源优化组合。要防止出现合成谬误，不能把分兵把关变成只顾自己不及其余，避免局部合理政策叠加后造成负面效应。要防止分解谬误，避免把整体任务简单一分了之，更不能层层加码。

三、丰富完善调控政策工具箱

实践充分证明，在市场失灵、煤炭价格出现不正常上涨的情况下，需要国家采取综合措施，加强宏观调控，引导煤炭价格回归合理区间。因此，在今后重点大宗商品的调控中，尤其是在市场失灵情况下，应充分发挥我国行政效率高、令行禁止等方面的优势，健全市场化、法治化、监管型、行政型等不同调控手段，不断丰富和完善政策工具箱，促进有效市场和有为政府更好结合。

（执笔人：徐鹏 杨宜勇）

参考文献

国家发展改革委. 国家发展改革委关于做好2021年能源迎峰度夏工作的通知[EB/OL]. 2021-7-17.

国家发展改革委. 国家发展改革委组织召开煤电油气运重点企业保供稳价座谈会[EB/OL]. 2021-10-19.

《中共中央关于制定国民经济和社会发展第十四个五年规划和二〇三五年远景目标的建议》辅导读本[M]. 北京：人民出版社，2020.

学习贯彻习近平新时代中国特色社会主义经济思想做好"十四五"规划编制和发展改革工作系列丛书编写组. 价格改革和保供稳价[M]. 北京：中国市场出版社，中国计划出版，2020.

徐鹏. 价格形势分析的理论与实践[M]. 北京：中国经济出版社，2019.

中国期货业协会. 动力煤期货[M]. 北京：中国财政经济出版社，2014.

第九章

钢铁和铁矿石稳价保供的举措及建议

——建立钢铁战略储备制度

内容摘要：钢铁是国民经济运行最基础的原材料。2021年初以来，受供给偏紧预期等因素影响，钢铁以及上游原材料铁矿石价格快速上涨并创历史新高。为确保钢铁行业稳定安全运行，政府采取了一系列保供稳价调控举措，取得了明显成效，主要有：针对投机炒作问题，加强预期引导和市场监管；针对供需错配问题，加强供需双向调节；针对中下游行业特别是中小微企业经营困难，加大对小微企业扶持力度。为进一步促进钢铁行业健康有序发展，建议加强系统谋划、建立钢铁战略储备制度、开展铁矿石集中统一采购、推进钢铁行业兼并重组等。

第一节　近年来钢铁产业运行概况

一、钢铁国内自给率较高，铁矿石主要依赖进口

我国是全球最大的钢铁生产和消费国。随着我国城镇化、工业化进程持续推进，第三次全球钢铁产业转移开启，我国钢铁产量快速增长，成为世界钢铁最大生产国，2021年我国粗钢产量10.3亿吨，占全球粗钢产量比重超过一半，是2012年的1.4倍，近十年来我国粗钢产量保持3%以上的复合增长率。与此同时，我国钢铁供给市场集中度较低，前四大钢铁企业产量仅占到20%左右。2021年粗钢表现消费量为9.9亿吨，进口钢材1427万吨，直接出口钢材6690万吨，钢铁生产基本能够满足国内消费需求。

铁矿石是生产钢铁的基础原材料，我国是全球最大的铁矿石消费国，由于国内优质铁矿石资源匮乏、开采成本高等因素，我国铁矿石主要依赖进口，对外依存度在80%左右，2021年铁矿石进口11.2亿吨，是2012年的1.5倍。在铁矿石供给方面，必和必拓、力拓、淡水河谷、FMG等四大矿商在全球范围内形成了寡头垄断结构，2020年必和必拓、力拓、淡水河谷、FMG的铁矿石销量分别为2.9亿吨、3.5亿吨、3亿吨、2.3亿吨，合计占全球总贸易量的七成。2021年我国从四大矿商进口铁矿石7.9亿吨，占总进口量的70%。

二、2021年钢铁和铁矿石价格创历史新高

近年钢铁和铁矿石价格总体处于相对高位。2021年初，工业和信息化部提出将压减钢铁产量，确保2021年实现钢铁产量同比下降。此后，部分地区出台的减产方案进一步加剧了产量收缩预期。同时，下游用钢需求旺盛，新冠肺炎疫情冲击后，全球经济复苏带动钢材出口需求快速增长，叠加房地产投资增长具有韧性，两年平均增速达到8%以上。下游需求复苏和产量收缩预期共同推动钢铁价格快速增长，螺纹钢现货价格和上海期货交易所期货活跃合约收盘价分别从2021年初的低点4402元/吨、4383元/吨，持续攀升至5月12日的6347元/吨、6171元/吨，均创出历史新高，较年初低点上涨44%、41%。

2021年上半年钢铁产量增长较快，同比增速达到11.8%，产量创同期历史新高，带动上游原材料铁矿石的需求增加，同时运费价格持续上涨，代表海上运费的波罗的海干散货指数（BDI）达到金融危机后高位，推动铁矿石现货价格和大连商品交易所铁矿石活跃期货合约收盘价在2021年5月12日分别达到233.1美元/吨、1337元/吨，均创历史新高。

第二节 钢铁和铁矿石保供稳价的调控举措

按照党中央、国务院决策部署，有关部门密切跟踪监测大宗商品价格走势，综合施策、持续发力。

针对投机炒作问题，有关部门约谈铁矿石、钢材、铜、铝等重点企业和行业协会，约谈有关期货交易所，多次赴有关交易中心、地方及重点企业进行联合调研和专项调查，督促企业守法合规经营、有关交易所和交易中心强化市场运行监测监控和风险控制。

针对供需错配问题，调整部分钢铁产品关税，对生铁、粗钢、废钢等实行零进口暂定税率，适当提高部分钢铁产品出口关税，取消部分钢铁产品出口退税。同时，在“房住不炒”的政策背景下，对房地产开展调控。

针对中下游行业特别是小微企业经营困难，加大税收政策支持力度，将普惠小微企业两项直达货币政策工具期限及部分减负稳岗扩就业政策期限延长至2021年底。相关举措已经取得了明显成效，市场投机炒作开始降温，供需偏紧态势缓解，铁矿石、钢铁等产品价格逐步回落。

一、针对投机炒作问题，加强预期引导和市场调控

随着国际大宗商品市场不断金融化，投机因素已经超越实体供需因素，成为大宗商品价格变动的主导力量（韩立岩、尹力博，2012；黄河 等，2013）。

（一）党中央、国务院高度关注大宗商品价格波动，多次强调稳住大宗商品价格，引导市场预期

党中央、国务院多次会议关注大宗商品价格。2021年4月8日国务院金融

稳定委会议强调要保持物价基本稳定，特别是关注大宗商品价格走势。4月9日经济形势专家和企业家座谈会强调加强原材料等市场调节，缓解企业成本压力。5月12日国务院常务会议要求跟踪分析国内外形势和市场变化，有效应对大宗商品价格过快上涨及连带影响。5月19日国务院常务会议提出保障大宗商品供给，遏制其价格不合理上涨。5月26日国务院常务会议提出多措并举帮助小微企业、个体工商户应对上游原材料涨价影响。

国家发展改革委积极引导铁矿石保供预期。在新闻发布会上表示，针对铁矿石供给保障问题，将充分利用国内国际两个市场两种资源。从国内看，将加大铁矿资源勘察开发力度，加快推进国内铁矿新项目和在产资源接续项目建设，统筹做好社会再生钢铁资源回收利用，提升国内资源保障能力。国际方面，发挥企业主体作用，鼓励有条件的企业积极稳妥开发境外铁矿石资源。完善多元进口供应体系，鼓励企业拓宽铁矿石进口渠道，有序推进境外再生钢铁原料进口和资源利用，优化供给结构。

为做好应对大宗商品价格异动，国家发展改革委出台《关于“十四五”时期深化价格机制改革行动方案的通知》，强调健全监测预测预警体系。运用现代信息技术，健全价格监测预测预警系统，完善价格监测分析制度和风险预警框架。动态跟踪分析国内外市场形势，一体监测重点商品生产、运输、销售、成本、价格动态，加强综合研判和趋势分析，强化风险评估和预测预警。同时，加强对铁矿石、铜、原油、天然气、玉米、大豆、食用油等大宗商品市场动态和价格形势的跟踪分析，深入研判输入性影响，及时提出储备、进出口、财税、金融等综合调控措施建议，推动有关方面做好保供稳价工作。

（二）加强期现货市场联动监管，打击过度投机炒作

期货交易所提高手续费或者保证金，可以提高投机成本，进而打击过度投机炒作。2020年12月18日，大连商品交易所发布通知，自2020年12月22日

交易时（即12月21日夜盘交易小节时）起，铁矿石期货交易手续费标准调整为成交金额的万分之一。2021年5月10日，大连商品交易所发布市场风险提示公告，近期市场运行不确定因素较多，大宗商品特别是焦煤、焦炭和铁矿石价格波动较大。同时，调高铁矿石期货合约涨跌停板幅度与交易保证金。

此轮钢铁价格上涨有供给的原因，但更多是基于市场预期，投机因素对推动价格上涨起到了很大作用。钢铁、铁矿石价格在2021年5月12日达到顶点后，5月12日、5月19日、5月26日国务院常务会议在14天内三次提及大宗商品，引导市场预期，同时期货交易所提高交易保证金和手续费，打击投机行为，钢铁、铁矿石价格随后大幅下跌。

（三）加强监管规范市场运行秩序

国家发展改革委价格司与国家市场监管总局价监竞争局赴北京铁矿石交易中心开展调研，详细了解2021年以来铁矿石交易及价格变化情况，并召开专题座谈会，研究做好铁矿石等大宗商品保供稳价工作。会议指出，铁矿石价格大幅上涨并持续高位运行，加大了中下游企业生产经营压力，引起社会各方面高度关注。国家支持铁矿石现货交易平台健康发展，鼓励相关市场主体依法合规交易，同时将密切关注现货交易价格变化，及时排查异常交易和恶意炒作行为，对达成实施垄断协议、散播涨价信息、哄抬价格、囤积居奇等行为将依法予以严厉处罚并公开曝光，维护良好市场秩序。

（四）约谈重点企业

国家发展改革委、工业和信息化部、国务院国资委、国家市场监管总局、中国证监会等5个部门召开会议，联合约谈了铁矿石、钢材等行业具有较强市场影响力的重点企业。会上指出，2021年以来，部分大宗商品价格持续大幅上涨，一些品种价格连创新高，引起各方面广泛关注。本轮价格上涨是多种因素共同作用的结果，既有国际传导因素，也有许多方面反映存在过度投机炒作行为，扰乱正常产销循环，对价格上涨产生了推波助澜作用。

要求有关重点企业要提高站位，树立大局意识，积极履行社会责任，促进上下游行业协调发展，维护行业良好生态；要强化法律意识，依法合规有序经营，带头维护大宗商品市场价格秩序，不得相互串通操纵市场价格、捏造散播涨价信息，不得囤积居奇、哄抬价格。同时明确，下一步有关监管部门将密切跟踪监测大宗商品价格走势，加强大宗商品期货和现货市场联动监管，对违法行为“零容忍”，持续加大执法检查力度，排查异常交易和恶意炒作，坚决依法严厉查处达成实施垄断协议、散播虚假信息、哄抬价格、囤积居奇等违法行为。

（五）调研产业发展情况

国家发展改革委赴多地调研钢铁产业发展情况。在福建，调研组实地调研了福州市、宁德市部分钢铁企业，国家发展改革委相关同志表示，2016年以来，按照党中央、国务院关于深化钢铁行业供给侧结构性改革的决策部署，各有关方面持续推进钢铁行业去产能，行业运行和结构调整呈现良好态势，取得了明显成效。但是，随着钢铁行业效益好转，一些地方和企业存在盲目建设钢铁项目的冲动。为巩固提升钢铁去产能成果，国家发展改革委、工业和信息化部2021年组织开展钢铁去产能“回头看”工作，要切实将思想和行动统一到中央的决策部署上来，深化认识，全面从严，扎实做好钢铁去产能“回头看”各项目工作。同时，在赴铁矿石相关企业调研时，国家发展改革委相关同志指出，要继续加大对国内铁矿开发的支持力度，研究建立部门协同机制，打通国内铁矿开发上的政策堵点，不断提升我国铁矿石自主保障能力，维护我国钢铁行业产业链、供应链安全。

（六）规范价格指数发布和编制

由于一些价格指数行为主体系利益相关方、指数信息不公开不透明、命名随意等，特别是部分价格指数编制发布科学性差、随意性大，扰乱了市场预期，加剧了价格波动。对此，国家发展改革委出台《重要商品和服务价格指数行为管理办法（试行）》，对价格指数行为主体提出一些原则性要求，同时规定价格指数编制方案应当明确价格指数的编制背景和目的、所反映的市场基本情况、采集和计算方法、发布方式和频率、相对价格指数的基期基点等内容，以及需要披露的重点内容。此外还规定价格主管部门可以根据工作需要，会同相关部门对有关价格指数开展评估和合规性审查。

二、针对供需错配问题，加强供需双向调节

供需基本面是决定商品价格最基础的因素。当商品价格出现大幅波动时，可以通过调控供给或者需求进而稳定商品价格。

（一）钢铁

调整关税。降低关税，扩大钢铁进口。2021年5月，国务院关税税则委员会调整部分钢铁产品进口关税，对生铁、粗钢、再生钢铁原料、铬铁等产品实行零进口暂定税率。调降出口退税，减少钢材出口。2021年以来两次调降钢材出口退税。4月28日，财政部、国家税务总局联合发布《关于取消部分钢铁产品出口退税的公告》，自2021年5月1日起，取消部分钢铁产品出口退税。此次取消出口退税产品主要是热系板材、棒线材及管材等中低端产品，但是保留了电工钢、汽车和家电用钢等高附加值、高技术含量钢材产品出口退税。适当提高硅铁、铬铁、高纯生铁等产品的出口关税，调整后分别实行25%出口税率、20%出口暂定税率、15%出口暂定税率。7月29日，财政部、国家税务总局联合发布《关于取消钢铁产品出口退税的公告》，自2021年8月1日起，取消部分钢铁产品出口退税。两次关于钢铁产品取消出口退税的政策叠加，使得所有成品钢材的出口退税已全部取消。

行业协会倡议。中国钢铁工业协会于2021年5月26日发布《构建平稳有序市场秩序，促进行业高质量发展——钢铁行业自律倡议书》，倡议企业：按需组织生产，维护供需平衡；调整出口战略，保障国内供应；发挥龙头作

用，强化区域自律；深化产业链合作，实现互利共赢；抵制恶性竞争，促进有序发展；加强市场监测，及时发出预警；协助市场监管，严防恶意炒作。同年8月19日，发布《正确把握政策导向，共同维护出口秩序——钢铁行业出口自律倡议书》，倡议企业：提高认识，自觉控制出口总量；优化结构，减少普通产品出口；提质增效，促进高端产品出口；加强管理，控制内贸转出口；共同行动，维护出口市场秩序。

出口持续下滑。2021年4月钢材出口797万吨，达到2017年以来新高。出口退税取消等一系列政策实施后，钢材出口数量一路下滑，11月份出口量降至436万吨，减少361万吨。进口数量波动较小，维持在120万吨左右。粗略估算，进出口政策对国内供给的增量至少在2000万吨左右，占全年消费的比重在2%左右。

在“房住不炒”的政策背景下，对房地产开展调控。房地产是钢铁的主要下游行业。2020年8月20日，住房和城乡建设部、中国人民银行召开重点房地产企业座谈会，为控制房地产企业有息负债的增长，设置“三道红线”即企业剔除预收款后的资产负债率大于70%、净负债率大于100%、现金短债比小于1倍，并于2021年1月1日起在全行业全面推行。2020年12月31日，中国人民银行、中国银保监会发布通知，建立银行业金融机构房地产贷款集中度管理制度，自2021年1月1日起实施。2021年2月8日，深圳建立二手住房成交参考价格发布机制。随后，成都、东莞、宁波等城市跟进该机制。2021年2月26日，自然资源部公开表示2021年要求各地进一步将住宅用地出让信息合理适度集中，重点城市要对住宅用地集中公告、集中供应。2021年10月15日，《求是》杂志发表习近平总书记的重要文章《扎实推动共同富裕》，文章指出要“积极稳妥推进房地产税立法和改革，做好试点工作”。受“三道红线”、房地产贷款集中管理以及限贷限购等因素影响，房地产投资和新开工面积持续下滑，2021年10月房地产投资和新开工面积同比下降5.4%、33.1%。

（二）铁矿石

压减钢铁产量，减少铁矿石需求。国家发展改革委部署了2021年钢铁去产能“回头看”、粗钢产量压减工作，相关工作统筹考虑做好“六稳”工作、落实“六保”任务、碳达峰碳中和工作要求，以及钢铁行业平稳运行等因素，稳妥有序推进。各地重点围绕退出产能、项目建设、历次检查整改落实、举报核查等情况开展自查自纠，于2021年5月30日前向钢铁行业化解过剩产能和脱困发展工作部际联席会议办公室报送自查自纠情况。部际联席会议成员单位将分别带队，组成若干个现场检查组开展钢铁去产能“回头看”实地检查。国家发展改革委、工业和信息化部发布《关于做好2021年钢铁去产能“回头看”检查工作的通知》，“回头看”检查工作的范围，除本区域内没有粗钢冶炼能力的北京、海南、西藏等三省份外，其余29个地区（包括新疆生产建设兵团）、中央钢铁企业均在检查范围内，检查重点涉及退出产能、项目建设、历次检查整改落实、举报核查、健全工作体系、2021年粗钢产量压减工作等6个方面内容。2021年我国粗钢产量同比下降3%，这是过去6年来我国粗钢产量首次同比下降，尤其是下半年同比降幅高达16%。作为炼钢的原材料，粗钢产量下降带动铁矿石需求下滑，2021年铁矿石进口量同比下降3.9%。

放开再生钢铁原料进口，对铁矿石形成替代。再生钢铁原料对铁矿石具有替代效应，放开再生钢铁原料进口可以实现降低铁矿石需求。2020年底，生态环境部、国家发展改革委等部门联合发布《关于规范再生钢铁原料进口管理有关事项的公告》，符合《再生钢铁原料》（GB/T 39733—2020）标准的再生钢铁原料，不属于固体废物，可自由进口。2021年再生钢铁原料进口达到55.55万吨。

三、针对中下游行业特别是小微企业经营困难，加大小微企业扶持力度

国务院常务会议指出，量大面广的小微企业和个体工商户是我国经济韧性、就业韧性的重要支撑。按照党中央、国务院部署，近些年通过持续推进“放管服”改革，特别是2020年实施一系列普惠性纾困政策，有力促进了小微企业和个体工商户发展。截至2021年4月末，全国小微企业总数超过4400万户、个体工商户超过9500万户，成为我国就业主力军。当前国内外环境复杂严峻，小微企业、个体工商户生产经营仍面临困难，要继续有针对性地加强支持。

一是进一步落实“六稳”“六保”政策，保持必要支持力度。落实落细减税降费措施。加大支持小微企业、个体工商户等的普惠金融力度，引导扩大信用贷款、首贷、中长期贷款、无还本续贷业务规模，推广随借随还贷款。研究将商业汇票承兑期限由1年缩短至6个月，减轻企业占款压力。

二是多措并举帮助小微企业、个体工商户应对上游原材料涨价影响。支持大型企业搭建重点行业产业链供需对接平台，用市场化办法引导供应链上下游稳定原材料供应和产销配套协作，做好保供稳价。打击囤积居奇、哄抬价格等行为。支持各地按规定对小微企业、个体工商户给予稳岗就业补贴。督促引导平台降低过高收费、抽成及新商户佣金和推介费比例。

三是加强公正监管。严格落实公平竞争审查制度，对各类市场主体一视同仁，清理废除歧视、妨碍各类市场主体参与市场经济活动的政策和法规。深入推进反垄断、反不正当竞争执法，依法查处具有优势地位的企业为抢占市场份额恶意补贴、低价倾销等行为。整治各种乱收费乱罚款。同时，做好基本保障兜底，推动个体工商户及灵活就业人员参加社保，放开在就业地参

保的户籍限制，探索将灵活就业人员纳入工伤保险范围。

第三节　对策建议

在应对此轮钢铁、铁矿石价格大幅上涨过程中，我国实现保供稳价积累了丰富的实践经验。但是钢铁行业自身发展也暴露出了一些问题和短板，比如铁矿石对外依存度高、定价权缺失，钢铁行业集中度低、低端无序竞争等。

一、加强系统谋划

钢铁行业高质量发展要完善顶层设计、加强系统谋划，在落实粗钢产能产量调整任务的同时，要防止出现合成谬误，密切跟踪研判宏观经济运行、钢铁需求以及上游原材料价格、库存的变化，及时调整和完善应对措施。

二、建立钢铁战略储备制度

考虑到铁矿石用途单一、敏感性强，建议开展钢铁储备，钢铁储备能够同时平抑铁矿石和钢铁价格波动，发挥“一箭双雕”的作用。在铁矿石价格处于低位时，企业生产动力较强，此时买进钢铁作为储备，而在四大矿商压缩铁矿石供给、恶意炒高铁矿石价格时，抛出钢铁储备，可以起到平抑价格、稳定供给的作用。

三、开展铁矿石集中统一采购

由于我国国内钢铁企业都各自为政、分散采购，而铁矿石供给高度垄断，由此导致我国议价能力较低。建议从国家层面整合供应渠道、组建采购联盟，统一协调铁矿石进口，力争使铁矿石价格更好反映供求关系，增强我国在铁矿石市场上的价格影响力。

四、推进钢铁行业兼并重组

世界钢铁工业发展的一个显著特征就是钢铁产能向大公司集中，美国、欧盟、日本等国家和地区产量排名前4位的钢铁企业集中度均超过60%，而我国仅在20%左右，还有较大空间。建议加速兼并重组进程，提高行业集中度和议价话语权，更好发挥协同效应和规模经济效应。

五、建立长期稳定的海外铁矿石基地

鼓励有条件的钢铁企业，通过合资、参股、控股等模式，在海外建立长期稳定的多元化、多渠道、多方式的铁矿石基地，加大权益矿开发，提升资源自主权，为铁矿石资源长期稳定供应提供保障，确保我国钢铁原材料供应安全。

六、有序推进废钢等原料综合回收和使用

提高短流程炼钢占比，鼓励钢铁企业建立废钢回收加工基地，提高对社会废钢资源的回收、拆解、加工、利用一体化水平。有序推进再生钢铁原料和铁元素原料进口。在严格落实产能置换和履行相关备案审批手续前提下，鼓励有环境容量、市场需求、废钢保障的地区积极承接转移产能，合理布局短流程炼钢。支持环境敏感地区长流程、钢铁企业转型短流程，推动长短流程融合发展。

（执笔：吕云龙 杨宜勇）

参考文献

国务院常务会议[EB/OL]. http://www.gov.cn/premier/2021−05/26/content_5612814.htm.

国家发展改革委. 关于“十四五”时期深化价格机制改革行动方案的通知.（2021−5−18）[EB/OL].

国家发展和改革委员会. 重要商品和服务价格指数行为管理办法（试行）.（2021−6−17）[EB/OL].

韩立岩，尹力博. 投机行为还是实际需求——国际大宗商品价格影响因素的广义视角分析[J]. 经济研究，2012，47（12）：83−96.

黄河，谢玮，任翔.全球大宗商品定价机制及其对中国的影响:结构性权力的视角——以铁矿石定价机制为例[J]. 外交评论（外交学院学报），2013，30（02）：17−29.

吕云龙. 2021年钢铁行业价格形势分析与2022年展望[J]. 中国物价，2022（03）.

习近平. 扎实推动共同富裕[J].求是,2021(20).

第十章

农产品市场保供稳价的举措及成效助力农业经济高质量发展

内容摘要：农产品市场稳定运行是国民经济发展的重要基础。我国政府高度重视三农问题，为保障农产品有效供给，促进农民收入增加，实现农业高质量发展，我国采取了一系列保供稳价的政策。主要措施包括：稳定粮食产量，健全粮价形成机制；建立健全生猪准备调节机制和预警机制；完善棉花目标价格政策等。在推进农产品保供稳价工作的过程中，取得了显著成效：粮食价格总体稳定，粮食供需基本平衡，粮食综合生产能力稳步提升，猪肉价格波动控制在合理范围内。为进一步保证农产品市场稳定，要保障国内农产品生产和供应，扩大农产品进口来源，密切跟踪农产品价格走势。

21世纪以来，我国政府高度重视三农及粮食等重要农产品保供稳价问题，实施了价格支持、直接补贴等一系列强农惠农政策，大力推动农业基础设施兴建和科技成果应用，极大改善了中国农产品生产的制度环境及物质基础条件。本章在分析当前我国重要农产品价格形势的基础上，梳理了重要农产品保供稳价的举措和模式，深入研究我国农产品保供稳价的调控经验，响应中央经济工作会议加大初级产品供给保障能力的政策要求，总结出可借鉴、可推广的重要农产品保供稳价模式。

第一节　重点农产品市场概况

一、粮食市场基本概况

我国的主要粮食作物包括小麦、玉米、稻谷和大豆，同时也是重要的大宗商品。粮食生产是粮食市场供需平衡的基本保障，粮食生产和发展的稳定是粮食供给的前提。新中国成立以来，随着经济发展逐步稳定，粮食作物产量不断提升，统购统销模式逐步被市场化经营代替，粮食作物的生产布局发生了翻天覆地的变化，对国民经济的发展和稳定起着重要作用。

历史上，南方一直作为全国重要的粮食生产中心，一直延续到21世纪初，北粮南运逐渐取代南粮北调，粮食生产重心北移。当前，我国粮食生产的集聚效应日益明显，主要集中在13个主产区，包括辽宁、河北、山东、吉林、内蒙古、江西、湖南、四川、河南、湖北、江苏、安徽和黑龙江，其中，北方有7个、南方有6个。由于我国人口众多，人均耕地仅为1.5亩，远低于世界平均水平3.1亩，所以我国一直严守18亿亩耕地红线。自改革开放以来，这些粮食主产区在全国粮食生产中的地位越来越重要，近几年播种面积占全国70%以上，持续贡献着全国四分之三以上的粮食产量。根据数据显示，2021年全国粮食总产量13657亿斤，比上年增加267亿斤，增长2.0%，而粮食产量排名前五的省份为黑龙江、河南、山东、安徽、吉林，东北地区与华东地区分别有2个省、华北地区有1个省，其中安徽排名第4。随着我国粮食产量的不断增加，这无疑为我国牢牢将饭碗掌控在自己手中奠定了坚实基础。从总体上把控粮食生产布局，合理安排粮食生产，抓紧粮食主产区的生产经营，对把握大宗粮食市场有重要意义。

二、肉类市场基本概况

我国是世界上最大的肉类生产国和消费国，占全球产量和消费量的25%。改革开放以来，肉类产品的迅猛增长，产销格局不断发生变化，取得显著成绩，成为我国农业发展的明显特征之一。

从肉类生产状况来看，主要有以下几个特点。

一是肉类产量持续增长且增速逐渐加快。数据统计显示，1952年肉类总产量为338万吨，1979年已达到1062万吨，1986年翻两番达2112万吨，一跃成为世界上第二大肉类生产国，仅次于美国。1990年，我国以2858万吨的产量跃居世界第一产肉大国。改革开放前后，肉类的平均年增长速度仅为5%，自1988年“菜篮子”工程实施以来，年增速又增长到了11%。

二是人均肉类占有量大大提高。1952年我国人均肉类占有量仅有5.95公斤，到1985年上升到18.4公斤，但仍远低于世界平均水平30公斤。数据显示，2016年全国人均肉类占有量达61.9公斤，已超世界平均水平。

三是肉类生产结构发生明显变化。在肉类总产量中，猪肉比重由20世纪70年代的占比90%下降到目前的70%，牛羊肉占比则有所比较明显的提高。

从肉类需求状况来看，我国人均肉类消费量不断增长，肉类消费支出在居民的生活消费中占据主要地位，同时肉类的消费结构也有所变化。《2016全球粮食政策报告》显示，我国人均每年肉类消费量59公斤，是世界平均数的两倍，肉类消费支出是我国居民生活消费支出中的大项。随着肉类生产格局的演变，肉类消费结构也在发生渐变，1978年全国肉类消费结构中猪肉占86%、牛羊肉占8%、禽肉占5%，2017年猪肉下降到70%、牛羊肉上升到10%、禽肉上升至20%。猪肉消费占比虽下降，但仍是主要的肉类消费品。

三、棉花市场基本概况

我国是重要的产棉大国，棉花是我国种植业生产中仅次于粮食的大宗农产品。我国的棉花产量从20世纪90年代开始一直位居世界前列，播种面积多年来一直保持在600万公顷左右，占全国土地经营面积的25%。

从供给状况来看，棉花的国内生产量是决定棉花供给量的主要因素，进口棉和储备棉是棉花供给的补充手段。棉花产量取决于棉花的播种面积和单产水平，而棉花的播种面积常年来稳定在全国农作物播种面积的4%左右，未来有较大突破的可能性较小。因此，棉花的单产水平是决定棉花供给的重要因素。根据国家统计局数据，2021年全国棉花单位面积产量为1892.6公斤/公顷（126.2公斤/亩），比上年增加27.4公斤/公顷（1.8公斤/亩），增长1.5%。为保证棉花市场供求平衡，应稳定棉花种植面积，努力提高棉花的单位面积产量，提高区域专业化生产水平。

从需求状况来看，棉花的商品率高达90%，出口棉纺织品是我国创汇的重要支柱产业，以棉花为主要生产原料的纺织制造业在不断发展，棉花总量中有80%是用作纺织原料。除此之外，民用絮棉、军工用棉、医疗用棉以及其他储备用棉和零星用棉也占据部分需求市场。因此，必要的棉花储备有利于我国调节和稳定棉花市场、平抑棉价波动、预防灾害和突发事件。

四、2021年重点农产品市场形势分析

（一）玉米、小麦价格交错震荡

在储备玉米见底，供需缺口强预期下，玉米价格有较强支撑。生猪存栏持续恢复带动玉米需求回升，加之冬季疫情复发，部分主产地区封控，销售停滞，物流运输受阻，使得供应紧张情绪加剧，消费端提价收购，推动

玉米价格稳步上涨，玉米期货活跃合约收盘价1月创历史高点2881元/吨，大连港玉米现货平舱价2月创历史高点3000元/吨。此后，随着基层余粮上市，叠加生猪“非瘟”导致利空预期，市场风向转变，期（现）货价格先后下跌。4月份后，国际玉米期货价格大幅上涨，我国进口玉米价格同步上升，国内东北产区地趴粮销售告罄，压力释放完毕，农户忙于春耕，农商销售意愿放缓，市场粮食流通趋紧，推动国内玉米期（现）货价格反弹，5月12日玉米期货价格已接近1月历史高点。5月，国家对玉米等主要大宗商品价格进行调控，同时小麦、稻谷等饲用替代增加，叠加USDA（美国农业部）报告表示美玉米因干旱缓解而期价跌落，进口成本降低，国际玉米期货价格下跌，国内玉米期（现）货价格再次下行。随着新麦陆续上市，对玉米的替代效应增强，供应趋向宽松，需求方面因养殖亏损及深加工检修走弱，9月期（现）货价格分别降至2437元/吨、2490元/吨，较年内高点分别下降18.8%、15.4%。10月后，全国多地有大范围强降水天气，导致部分产区减产，收割延迟。11月份，东北产区多次遭受暴雪天气，煤炭价格上涨，叠加疫情反复，致使物流受阻，上市时间推迟，农户惜售心理强烈。同时，小麦收购价上涨，小麦玉米价差走缩，小麦替代性减弱。深加工利润达到历史高位，工厂到货上量，对玉米需求度高，玉米期（现）货价格均小幅反弹。

小麦产需缺口拐点出现在2020—2021年，玉米价格大幅上涨后导致小麦饲用替代量增加，小麦供需持续小幅收紧。2021年9月开始，小麦价格持续上涨，10月起小麦与玉米的价差逐渐回归正常水平，对玉米的替代优势正在逐渐减弱。随着传统节日需求旺季的到来，国内小麦市场需求还是有所增长的，但其供给也将会不断增加，市场的供需格局仍会维持相对平衡。再加之节日市场相对敏感，相关部门对市场调控力度增强，预计节前麦价波动幅度仍相对有限。如图10–1所示。

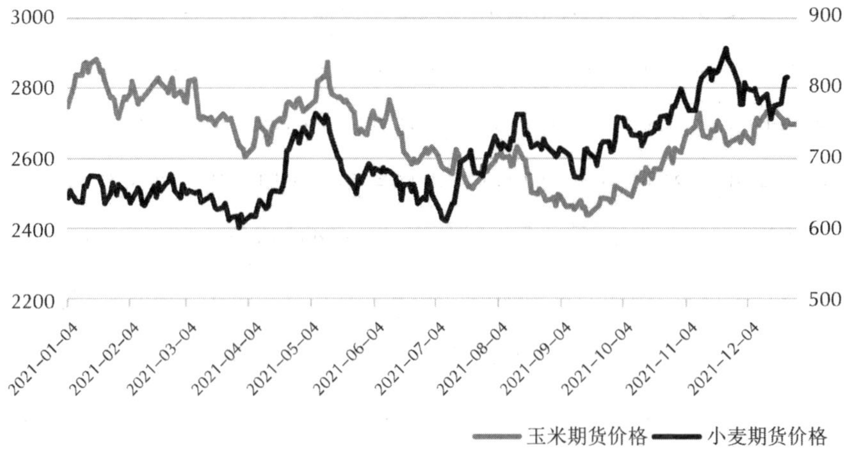

图10–1　玉米和小麦期货价格走势（单位：元/吨）

数据来源：大连商品交易所、芝加哥期货交易所（CBOT）。

（二）猪肉价格先下降后小幅反弹

2021年初以来，生猪周期性出栏，叠加"非洲猪瘟"蔓延、进口数量处于高位，同时临近过年，部分集团企业加大出栏计划，生猪供应大量增加，而需求进入淡季，同时疫情间歇性干扰消费需求，餐饮消费两年平均增速一直在0点位上下波动。供过于求推动猪肉价格大幅下跌，36个城市猪肉平均零售价从年初高点30.29元/斤降至10月份的16元/斤，降幅接近一半，已基本处于正常年份水平，生猪期货活跃合约收盘价从年初高点29380元/吨降至上市以来的最低点13600元/吨，降幅高达54%。10月后，随着天气转冷，季节性消费需求上升，在生猪价格持续下跌后，猪粮比价跌破5∶1，进入一级预警区间，国家启动猪肉收储，猪肉价格小幅反弹，36个城市猪肉平均零售价和生猪期货合约分别反弹至17.32元/斤、17495元/吨，反弹幅度分别为8.3%、28.6%。如图10–2所示。

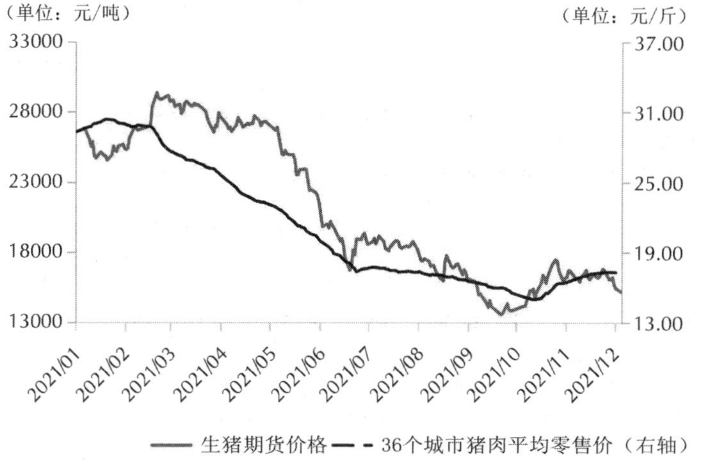

图10–2 生猪和猪肉价格走势

数据来源：国家发展改革委价格监测中心，大连商品交易所。

（三）棉花价格由弱走强

2021年4月以来，棉花价格持续走强。截至2021年12月27日收盘，郑棉主连收盘19990元/吨，较去年末15060元/吨上涨4930元/吨，涨幅近32%，其中最低点14285元/吨，最高点22960元/吨。一季度棉花价格以震荡偏弱为主，主要是临近春节长假，节前备货基本结束，纺织厂开机下滑，成品库存增加，棉价缺乏支撑。春节后下游复工复产，纺织厂开工率达到高位，原料补库带动棉花、棉纱价走高，棉花出现一波上涨。后期西方反华势力搞出的所谓“新疆棉事件”进一步打压了市场情绪，一度创出14285元/吨的全年低点。从二季度开始，随着美国棉花种植面积、中国国内储备棉轮出、滑准税配额的发放等不确定因素的落地，以及对未来新棉抢收、通胀预期等因素加持下，棉价逐渐打开上涨空间，重心不断抬升，并在9月底10月初加速上涨，创新2021年高点22960元/吨。棉价大幅上涨之后，政策调控力度加大，储备资源轮出量增加，且随着新棉收购的进行，纺织厂利润被压缩，成品库存增加，高棉价向下游传导困难，抢收情绪逐渐降温，棉价高位震荡。如图10–3所示。

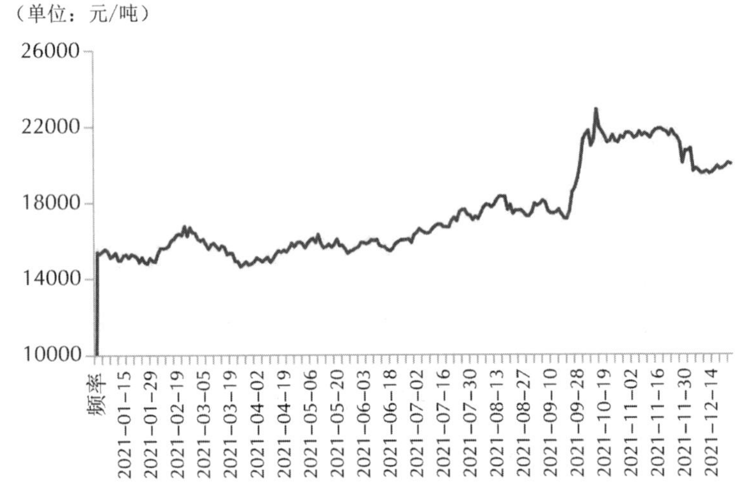

图10–3　棉花期货价格走势图

数据来源：郑州商品交易所。

第二节　农产品保供稳价模式总结

一、粮食保供稳价政策

一是稳定粮食产量，保证粮食供应安全。党的十八大以来，以习近平同志为核心的党中央非常重视稳定粮食生产、保障粮食安全，提出了“确保谷物基本自给、口粮绝对安全”的新粮食安全观，确立了以我为主、立足国内、确保产能、适度进口、科技支撑的国家粮食安全战略，走出了一条中国特色粮食安全之路。2020年以来，党中央提出“六保”工作要求，各地进一步压实粮食省长负责制，确保粮食播种面积和产量基本稳定，提升粮食生产能力、储备能力和流通能力，切实稳住粮食价格和供应。不断完善粮食生产政策保障体系，农业补贴主要支持耕地地力保护和粮食适度规模经营，农机购置补贴重点向粮食作物倾斜，调整完善稻谷、小麦最低收购价政策，推进玉米、大豆实行生产者补贴制度，加大对产粮大县奖励力度等一系列支持性政策措施，极大地稳定了种粮预期，保护了种粮积极性。

二是健全粮价形成机制，深化粮食市场化改革。2004年以来，我国先后实施了稻谷、小麦最低收购价政策和玉米、大豆临储政策，在促进粮食稳产增产、农民持续增收、确保国家粮食安全等方面发挥了积极作用。近年来，我国陆续取消了大豆、玉米临储政策，适当调整稻谷、小麦最低收购价水平，逐步令托市收储政策从“托市”回归“托底”的初衷，粮价形成逐步回归市场化，优质优价的粮食收储机制逐步形成。从2008年开始国家逐步上调最低收购价，到2014年达到历史最高点；早籼稻、中晚籼稻、粳稻，以及白小麦、红小麦、混合麦最低收购价格分别比政策执行之初累计上涨92.9%、91.7%、106.7%和63.9%、71.0%、71.0%。此后，稻谷连续2年、小麦连续5年保持最低收购价不变。随着国内外市场形势深刻变化，粮食托市政策效应边际递减且负面影响逐渐凸显，造成市场机制失灵和价格信号扭曲，因此国家积极稳妥深化粮食价格形成机制改革，在继续坚持最低收购价政策的同时，不断完善执行预案和操作方式。稻谷从2016年开始、小麦从2019年开始，分品种逐步下调最低收购价，2020年白小麦、红小麦、混合麦，以及早籼稻、中晚籼稻、粳稻的粮食最低收购价分别比最高点回落5.1%、5.1%、5.1%和10.4%、8.0%、16.1%。

三是注重粮食应急保供，提高粮食收储能力。新冠肺炎疫情凸显了粮食应急保供比以往任何时候都更加重要，对成品粮油加工、物流保障和仓储能力的稳定性提出了更高要求，需要进一步以产业和供应链条为抓手，健全高效协同联动的应急保供体系。新冠肺炎疫情发生后，各地政府第一时间启动应急储备投放，同时通过协调外埠粮源调运、支持粮企复工复产、鼓励企业扩大产能和增加库存等，进一步扩大粮食“后备蓄水池”规模，夯实了后续粮食保供稳价的物资基础。由于新冠肺炎疫情流行正值中晚稻、玉米、大豆等秋粮收购期，国家粮食和物资储备局及时发布了秋粮收购支持政策，通过延长收购期限、保障运输畅通、强化为农服务等举措，积极为秋粮收购提供便利。此外，要求金融机构给予参与收购的粮食购销企业收储贷款保证、贷款展期、优化评级、调降贷款风险准备金等优惠政策，减轻企业资金压力。

四是降低粮食生产成本，重视农资保供稳价。化肥是粮食的“粮食”，是关系农业生产和粮食安全的重要战略物资。受生产成本推动、国际市场传导、社会库存降低等因素综合影响，2021年国内化肥价格明显上行，氮、磷、钾等主要品种价格与2020年同期相比涨幅较大。近期，有关部门多措并举对石油、天然气、煤炭等大宗商品保供稳价，精准投放国家储备钾肥，降低化肥企业税率，帮助化肥企业降低生产成本，取得了初步成效。

二、猪肉储备调节机制

农产品市场存在一种蛛网效应，即由于农业生产存在较长的时滞，但生产者往往根据上一轮价格来决定下一轮生产。因此，会出现在价格涨高的时候一窝蜂扩充生产，造成下一轮收获时产量供大于求，价格下跌时会挫伤生产积极性，造成减产又会抬升下个周期的价格，形成产量与价格周而复始的波动，供给曲线与需求曲线构成蜘蛛网一般交织的形状。中国猪肉市场也存在明显的蛛网效应，当前猪肉价格被两种疫情冲击放大了蛛网效应。2018年8月国内局部发生“非洲猪瘟”，导致猪肉供给大幅锐减，猪肉价格从2019年春节后就持续走高，并在整个2020年维持高位运行。2020年，政府采取多种方式鼓励养猪，比如实施补贴政策，生猪养殖用地按农用地管理，不需办理建设用地审批手续，对种猪场、规模猪场流动资金贷款贴息，并要求全国每个省都有一个明确的生猪饲养、生猪存栏增量的目标，到2020年12月31日，全国生猪存栏量必须达到往年正常水平。

2021年，国家发展改革委等部门联合印发《完善政府猪肉储备调节机制做好猪肉市场保供稳价工作预案》，以更好发挥政府猪肉储备调节作用，有效缓解生猪和猪肉市场价格周期性波动，促进产业持续健康发展。依据政府猪肉储备的不同功能定位，分设了常规储备和临时储备。临时储备主要是在生猪价格过度下跌、产能大幅下降时进行收储，以稳定生产预期和市场价格。预案区分生猪价格过度下跌和过度上涨两种情形，设立了三级预警区间，当猪粮比价低于6：1时，及时通过中国政府网等媒体向社会发布预警信息，引导养殖户合理调整生产，避免出现大的亏损。当猪粮比价连续一段时间处于6：1～5.5：1之间时，适时增加一定数量的中央冻猪肉储备，地方政府也要适时增加一定数量的地方冻猪肉储备，以稳定生猪价格和生猪生产，并着手做好实施二级响应的前期准备工作。预案充分发挥了政府猪肉储备调节作用，对生猪及猪肉价格坚持“调高”与“调低”并重，以供应稳保障价格稳，以价格稳促供应稳。

三、棉花目标价格政策

棉花价格调控政策总体上分为两个阶段：2014年以前的试行政策即改革前的政策，主要是临时收储、最低保护价、定额补贴等农业支持政策；2014年后逐步形成的制度化的政策即目标价格政策。目标价格原则上采取“生产成本+基本收益”的方式确定，并在每年播种前予以公布。2014年、2015年和2016年，新疆棉花目标价格分别为19800元/吨、19100元/吨和18600元/吨。从2017年、2018年、2019年开始，实行目标价格三年一定的政策，目标价格为18600元/吨。2020年、2021年、2022年继续实行三年一定的政策，目标价格为18600元/吨。通过棉花目标价格改革，棉花市场定价机制基本建立，市场价格回归常态，国内外棉花市场价差明显减小。如表10–1所示。

表10–1　2020年以来农产品保供稳价政策梳理

时间	文件名	重点内容
2021年11月	李克强总理主持召开国务院常务会议	稳定农业生产。加强耕地保护与质量建设，稳定粮食播种面积，保持粮食产量在1.3万亿斤以上，保障粮食等重要农产品供给，提升储备和市场调控能力
2021年10月	农业农村部下发《关于确保充足应急蔬菜储备 切实稳定市场和价格的通知》	统筹调节生产、流通和消费，保障均衡供应，抓好防灾减灾，加强指导服务，促进产销衔接
2021年9月	农业农村部印发《全国高标准农田建设规划（2021—2030年）》	不断改善农田基础设施条件，打造集中连片、旱涝保收、节水高效、稳产高产、生态友好的农田。到2030年，我国要建成12亿亩高标准农田，以此稳定保障1.2万亿斤以上粮食产能
2021年7月	财政部会同农业农村部、中国银保监会联合发布《关于扩大三大粮食作物完全成本保险和种植收入保险实施范围的通知》	明确自2021年1月1日起，在河北、内蒙古、辽宁、吉林、黑龙江等13个粮食主产省份的产粮大县，针对稻谷、小麦、玉米三大粮食作物开展完全成本保险和种植收入保险
2021年6月	国家发展改革委会同财政部、农业农村部、商务部、国家市场监管总局等部门联合印发的《完善政府猪肉储备调节机制 做好猪肉市场保供稳价工作预案》	完善政府猪肉储备调节机制，促进生猪产业稳定发展和市场平稳运行，在监测预警、储备调节、政策协同和组织保障等方面提出了具体要求
2021年5月	财政部办公厅、商务部印发《关于进一步加强农产品供应链体系建设的通知》	以省（自治区、直辖市）为实施主体开展农产品供应链体系建设，着力完善农产品流通骨干网络，强化长期稳定的产销对接机制。重点抓住跨区域农产品批发市场和干线冷链物流，补齐农产品流通设施短板，打通农产品流通“大动脉”；完善产区“最初一公里”初加工设施设备，提升农贸市场、菜市场“最后一公里”惠民功能，畅通农产品流通“微循环”

（续表）

时间	文件名	重点内容
2021年5月	李克强总理主持召开国务院常务会议	一要毫不松懈抓好粮食稳产丰产。稳定和完善稻谷小麦最低收购价、玉米大豆生产者补贴等政策，扩大三大粮食作物完全成本保险和收入保险试点范围，让农民种粮有钱赚。二要做好粮食收购、储备和市场调节，保障供应和价格稳定
2021年2月	农业农村部、国家发展改革委、财政部、交通运输部、商务部、国家卫生健康委、海关总署、国家市场监管总局《关于做好春节和全国“两会”期间农产品保供稳价工作的通知》	要严格落实“菜篮子”市长负责制；切实保障“菜篮子”产品生产供给；灵活用好“菜篮子”产品调控政策；加快疏通“菜篮子”产品运输堵点；多方拓展“菜篮子”产品销售渠道；全面加强“菜篮子”产品市场监测
2020年2月	《中共中央 国务院关于做好2022年全面推进乡村振兴重点工作的意见》	聚焦粮食和生猪生产两大核心领域，“保供稳价”成为贯穿2020年农业发展的主轴。中央一号文件强调“保障重要农产品有效供给”，包括完善农业补贴政策、加人对产粮人县的奖励力度、拓展多元化进口渠道等
2020年2月	财政部办公厅、农业农村部办公厅联合发布《关于切实支持做好新冠肺炎疫情防控期间农产品稳产保供工作的通知》	减免农业信贷担保相关费用；尽快拨付农业生产救灾资金；加大农产品冷藏保鲜支持力度等

资料来源：根据历年会议和文件整理。

第三节　农产品保供稳价主要成效

一是粮食价格总体稳定。2014年各类农产品储备调节政策实施以来，我国粮食消费价格指数总体上平稳（如图10–4所示）。虽然在疫情初期，全国各地应对疫情采取交通限制等措施，物流不畅，导致短期内运费上涨，综合采购成本提高等，但我国各级政府采取了一系列措施稳定粮食生产，在粮食保供稳价方面取得了显著成效。粮食市场量足价稳，对于保持我国居民消费价格总水平的基本稳定，持续发挥着稳定器作用。

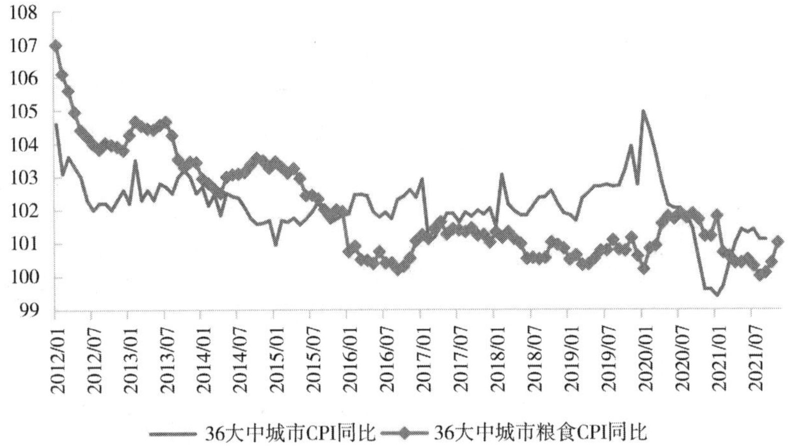

图10-4　2012年以来CPI和粮食消费价格指数

数据来源：国家统计局。

二是粮食供需基本平衡。2021年全国粮食总产量6828.5万吨，比上年增加133.5万吨，增长2.0%，全年粮食产量再创新高，连续7年保持在6500万吨以上。粮食供需基本平衡（如表10-2所示），2021年玉米、小麦和稻谷均实现增产。玉米的总供给量41009万吨，总消费量29068万吨，结余11941万吨，占年消费量的41%；小麦的总供给量28523万吨，总消费量14006万吨，结余14517万吨，占年消费量的103%；稻谷的总供给量39990万吨，总消费量22607万吨，结余17382万吨，占年消费量的77%。

表10-2 2020—2021年度三大主粮供需平衡表（单位：千吨）

类别	玉米	小麦	稻谷
产量	270907	134385	213027
进口量	27000	8200	6500
总供给量	410091	285237	399900
国内消费量	290675	14060	222185
出口量	6	3	3890
总消费量	290681	140063	226075
期末库存	119410	145174	173825
年末库存/消费量（%）	41	103.65	76.89

数据来源：WIND。

三是粮食综合生产能力持续提升。农业农村部数据显示，截至2021年，全国化肥、农药施用量连续多年实现负增长，畜禽粪污综合利用率达到75%，秸秆综合利用率达到86%，主要农作物自主选育品种提高到95%以上，认定绿色、有机和地理标志农产品超过4.92万个，粮食单产达到387公斤/亩。农业正在向绿色、高质量、现代化发展转型。

四是猪肉价格波动控制在合理范围内。在生猪价格过度下跌、产能大幅下降时进行收储，能起到稳定生猪价格，实现托市进而稳定生猪产能。比如2012年猪价开年连续19周下跌，至当年收储开始前累计跌幅达18%，降至14.21元/公斤。2012年5月11日，国家颁布《缓解生猪市场价格周期性波动调控预案》，使用猪粮比6：1作为低猪价预警水平，同时参考能繁母猪存栏量变化情况来调整预警指标、调控猪价。5月17日，启动收储4万吨，价格仍处于波动状态，猪粮比继续处于盈亏平衡点之下。在此情况下，8月9日，中央追加收储6万吨，猪价开始明显回升。再比如，针对2021年生猪价格快速下跌，2021年7月7日开始，合计挂牌收储5万吨，猪价从15.86元/公斤开始反弹，持续一周反弹至16.14元/公斤。

第四节　经验及建议

一是稳定国内农产品生产和供应。以玉米为例，保障国内玉米生产供应安全，加强政策调控与支持。强化预期管理，做好玉米价格异常波动的应对机制。稳定玉米优势产区，保障国内玉米供给，进一步完善种粮直接补贴制度，提高农户种粮积极性。以生猪为例，适时启动生猪价格调控预案，开展冻猪肉收储工作，同时扩大冻猪肉储备规模，合理调节吞吐节奏，减少价格波动幅度，稳定猪肉市场供应。

二是扩大农产品进口来源。统筹利用好国际国内两个市场、两种资源，加强与巴西、阿根廷、加拿大和“一带一路”主要粮食生产国家的合作，积极开拓和培育新的粮食供应国家和地区，通过大量海外屯田、并购、合作经营、长期租赁等方式，扩大海外粮食生产能力和控制能力、丰富进口渠道，构建更加多元的进口粮食供应体系，补充和调剂国内市场供应。防范和打击与玉米、小麦等主粮相关的囤积居奇、以次充好、串通涨价和散布涨价谣言等违法违规行为。

三是密切跟踪监测农产品价格走势。加大对国内主要农产品价格监测预警力度。强化对国际市场的监测、研判和预警，重点研判农产品主产国遭遇极端天气时对国际主要农产品市场期（现）货价格走势的影响，高度关注和警惕国际主要农产品价格上涨向国内市场传导，在第一时间捕捉到价格异常波动的苗头。

（执笔：赵昶　杨宜勇）

参考文献

黄季焜，王丹，胡继亮. 对实施农产品目标价格政策的思考——基于新疆棉花目标价格改革试点的分析[J]. 中国农村经济，2015（5）.
胡友，陈昕，祁春节. 新冠肺炎疫情对农产品价格波动的影响及政策效应研究[J]. 农林经济管理学报，2021（1）.
李辛一，韩啸，齐皓天. 中国粮食保供稳价局势：现状、挑战与政府的应对——基于新冠肺炎疫情视角[J]. 价格月刊，2021（1）.
刘金全，张菀庭，邓创. 中国农产品价格的异质性特征和分类调控[J]. 南京农业大学学报（社会科学版），2019（1）.
谭向勇. 中国主要农产品市场分析[M]. 北京：中国农业出版社，2001.
王双正. “两个疫情”之下农产品保供稳价：反思与前瞻——以粮食、畜禽、果蔬为例[J]. 价格理论与实践，2021（1）.
张秀青. 全球粮食市场形势、异动风险及应对措施——基于保障国家粮食安全的国际视角分析[J]. 价格理论与实践，2020（5）.

第十一章

新疆加快锻造高质量民营经济市场主体扎实推进共同富裕和民族团结

内容摘要：新疆是个好地方。发展民营经济对于新疆促进社会和谐与民族团结，实现社会稳定和长治久安有着不可替代的重要作用，关乎新疆全局、国家大局。近年来，国家对新疆出台的政策之密、投入资金之大、建设项目之多、惠及民生之广，民营经济在党中央和自治区党委的高度关注和大力支持下得到了迅猛发展，为全疆在增收富民、维护社会稳定和民族团结等方面发挥了积极作用。但也要清醒地认识到，自治区民营经济发展仍存在诸多问题，比如缺乏高质量市场主体，部分政策落实中“雷声大雨点小”，准生准入准营仍有“重重门槛”，绿色、数字化转型发展迫在眉睫等。当前应将打造高质量民营市场主体作为主攻方向，以“提意识、育头部、解困难、促改革、营环境”为着力点，聚焦“切肤之痛”，为民营企业疏淤清泥通航道。

第一节　调研背景：为什么选择新疆

民营经济是社会主义市场经济发展的重要成果，是推动社会主义市场经济发展的重要力量，是推进供给侧结构性改革、推动高质量发展、建设现代化经济体系的重要主体，也是我们党长期执政、团结带领全国人民实现“两个一百年”奋斗目标和中华民族伟大复兴中国梦的重要力量。近年来，党中央、国务院围绕减税降费、金融支持、稳外资外贸、优化政务服务、鼓励数字化转型等方面出台了一系列“看得见”“摸得着”“记得住”的政策。同时，地方政府积极作为，也根据本地区实体经济需求，出台并实施了更大体量、更有特色、更加细化、更贴民意的扶持政策。新疆地处祖国西域边陲，为进一步了解民族地区民营经济发展情况，课题组刻意选择新疆，于2021年9月15—25日走访了自治区和乌鲁木齐市、昌吉州等政府部门，并且与当地代表性企业进行座谈，深入了解了民族地区民营经济发展中存在的堵点、痛点，与长三角、珠三角等民营经济发展质量较高地区间的差异、相关政策落实情况等。此次调研部门与企业如表11–1所示。

表11–1　调研对象基本情况

类别	单位名称
自治区政府	自治区政府政策研究室
	发展改革委
	市场监督管理局
	商务厅
	工业和信息化厅
	科技厅
	自然资源厅
	人力资源和社会保障厅
	统计局
	政务服务和公共资源交易中心
	地方金融监督管理局
	人民银行乌鲁木齐中心支行
	自治区证监局
乌鲁木齐市	发展改革委
	工业和信息化局
	市场监督管理局
	招商服务局
昌吉州	发展改革委
	工业和信息化局
	科技局
	自然资源局

（续表）

类别	单位名称
昌吉州	生态环境局
	商务局
	统计局
	人民银行昌吉州支行
现场调研、座谈企业	国际大巴扎市场部分企业主或个体工商户
	甘泉堡经济技术开发区
	高新技术开发区
	新疆国际陆港集团
	新疆特变电工股份有限公司
	兖矿新疆煤化工有限公司
	国能新疆化工有限公司
	新疆泰昆集团有限公司
	新疆蓝山屯河科技股份有限公司
	岐峰农副产品交易市场
	九圣禾种业股份有限公司

第二节　真金白银：为什么新疆惠企之策能遍地开花

新疆的发展是祖国发展的重要组成部分。近年来，新疆自治区各级部门以习近平新时代中国特色社会主义思想为指引，认真贯彻落实自治区党委和政府工作部署，坚持把准方位、找准定位、定准靶位，遵循“一视同仁、平等对待、同向发力”原则，多措并举，综合施策，为民营经济发展激发了活力、注入了动力、增强了潜力。当前，民营经济在扩大就业、增收富民、增强经济活力、维护社会稳定和民族团结等方面发挥了积极作用，成为了新疆自治区发展的重要活力源泉。截至2020年，新疆民营经济主体占市场主体的比重已经达到95.4%，为自治区提供91%以上的就业岗位，同时也为如期完成的脱贫攻坚作出重要贡献[1]。

一、抓实党建引领举措，强党建、明方向、壮筋骨

自治区各级部门坚持创新工作方法、因地因企制宜，指导帮助个体私营经济，坚持“围绕经营抓党建、抓好党建促发展”的方向和思路，并通过持续扩大党在“小个专”领域的组织覆盖，努力把党的政治优势、组织优势、群众工作优势，转化为“小个专”的创新创造优势、发展竞争优势，帮助“小个专”固本强基、强壮筋骨。不断发展壮大的民营经济已成为推动经济社会发展、维护社会稳定和民族团结的重要力量，党建工作发挥了很好的引领、指导和带动作用。

二、抓实深化改革举措，促改革、激活力、强动力

坚持减证照、压许可、宽准入、降成本，着力推进和深化商事制度改革、行政审批制度改革，为民营经济营造更加公开、透明、便利的准入环境。

一是以优化营商环境为突破口推进商事制度改革。从推行“三证合一”改革，到目前实现“二十六证合一”改革，逐步实现企业基本信息互联共享，大幅减少企业备案登记事项；从原来办理营业执照需要不同行业200多项行政审批，到减为20余项前置许可的“先证后照”，再到目前已实施100项“证照分离”改革，各项改革举措极大地释放和激发了市场中蕴藏着的活力和动能。

二是推动准入许可更加便捷。全面取消企业名称预先核准许可事项，实行名称自主申报、企业注销“一网服务”；全面推行六大类17项“两品一械”行政许可“一站式办理”模式，进一步简化专营乙类非处方药药品零售

[1]“十三五”期间，新疆录入全国工商联“万企帮万村”台账系统的民营企业为1667家，帮扶2042个村；帮扶建档立卡贫困户113943户395741人；投入产业帮扶资金397043万元；安置就业21349人；公益帮扶17940万元；技能培训29088人。

企业审批程序；依托市场监管领域行政审批“一网通办”优势，全面推行五类行政许可电子证书，并积极优化完善实行化肥、食品相关产品生产许可告知承诺制改革，扩大实行告知承诺制改革的工业产品生产许可类范围。有序推进市场监管领域行政许可事项无差别受理、同标准办理，完成重要工业产品生产许可、检验检测机构资质认定许可地方标准立项，最大限度压缩了自由裁量空间。

三是提升登记注册便利度。持续优化全程电子化系统，实现“一次录入、文书自成、直接归档”登记模式，推行经营范围规范化，完成“跨省通办”服务事项“全程网办”。2021年全疆通过互联网办理设立、变更、注销登记37.9万件，网办率54.5%。同时不断提升企业开办服务水平，进一步减少投资兴企的“脚底成本”和“时间成本”。在实现企业开办“六环节”“一网通办”的基础上，进一步拓展“企业开办专区”功能和应用，与10家银行建立合作机制，将市场主体登记注册服务延伸至全区2000多个银行网点，将一般企业开办时间压缩至3个工作日。据走访的维吾尔族企业主反映：“现在开办企业太便利了！”

三、抓实服务帮扶举措，挖潜力、增效能、提质量

充分发挥综合服务优势，发掘服务潜力、提升行政效能、提高服务质量，助力民营经济向高质量发展方向迈进。

一是构建综合高效执法体系，维护公平竞争市场秩序。着力推动公平竞争审查制度有效实施。同时，着力深化市场监管综合行政执法改革，构建覆盖生产、流通、消费领域的全链条市场监管执法体系。加大违法行为惩治力度，下大力气紧盯食品安全、药品安全、制假售假、侵权假冒、传销及变相传销、欺行霸市及强买强卖、不正当竞争等群众关注的重点问题，深挖摸排涉黑涉恶问题线索，着力整顿规范市场秩序，坚决治理市场乱象。

二是积极培育高质量企业，着力发挥企业创新平台引领作用。据调研，

昌吉州出台《高新技术企业培育工作方案》，建立“科技型中小企业→高新技术企业→科技领军企业”梯度培育机制，设立高企培育专项300万元。此外，组织中信国安、天池能源等企业申报自治区重点实验室。特变电工“中塔煤电能源清洁转化及高效综合利用‘一带一路’联合实验室”等异地研发机构展现活力。

三是积极创新融资产品，帮助企业解决融资难问题。积极推动金融机构依托专利质押融资贷款风险补偿机制，将知识产权质押融资贷款范围从单一专利向注册商标专用权质押融资拓展。通过开展动产抵押登记全流程网上办理、简化登记手续等，着力推进动产抵押登记便利化，并进一步拓宽抵押物登记范围和抵押担保种类。积极开展应收账款融资，目前已促成融资金额6380亿元，形成规模以上供应链27条，惠及184家供应链企业。拓宽信用产品应用，积极发展信易贷。另外，开展金融服务进园区、下基层系列活动，鼓励各银行不断创新小微金融服务，推出“云税贷”“政采通”等多款产品。具体参见专栏11-1中的内容。

专栏11-1 新疆自治区信用贷积极发展

加快新疆金融综合服务平台建设，通过加强涉企信用信息的归集和共享，增加企业入驻平台数量，创新金融产品，努力在首贷、信用贷方面有所突破。

截至2021年9月20日，在疆银行分行均已入驻、分支机构陆续入驻，平台已有28家银行机构及其876家分支机构，发布各类信贷产品507款，已入驻中小企微企业21664家，覆盖各地（州、市）。平台已成功放款992笔，共计35.7亿元，涉及批发零售业、住宿餐饮业、居民服务、农林牧渔业、制造业、交通运输业等19个行业领域及88个子领域。

四是开展自治区涉企收费专项检查，切实落实降成本。针对自治区部分中介机构借助行政权力或行政影响力“乱收费”，制定印发了《中介机构“乱收费”案件查处方案》，严厉查处中介机构违规收费行为，有效维护市场经济秩序。为进一步推动国家、自治区降低工商业电价政策措施精准落地，自治区对产业园区、商业综合体、写字楼、物业公司等转供电主体在转供电环节的价格行为开展监督检查，依法严肃查处违规加价等违法行为，确保降电价红利真正惠及终端用户。据大巴扎市场哈萨克族企业主反映，“降电价政策获得感很强”。

第三节　较短比长：新疆民营经济发展存在哪些痛点与堵点

当前新疆民营经济发展仍存在诸多问题，比如缺乏高质量市场主体，部分融资政策落实中“雷声大雨点小”，准生准入准营仍有“重重门槛”，绿色、数字化转型发展尚未跟上节奏，民企改革、协同发展动力不强等。

一、民营经济主体占比较高，但高质量市场主体凤毛麟角

近年来，虽然新疆民营经济保持稳定与健康快速发展的良好势头，但与其他发达地区相比，民营经济实力差距明显，整体散小弱的局面没有根本扭转。民营经济增加值占GDP的比重仅为38.2%，低于全国平均水平近20个点。虽然民营市场主体已占到全区市场主体总量的95%以上，但是高质量市场主体数量较少。比如，2020年新疆高新技术企业为644家，不仅与广东、江苏、浙江等地存在霄壤之别，与同处西部地区的其他省份也落后不少。如图11–1所示。

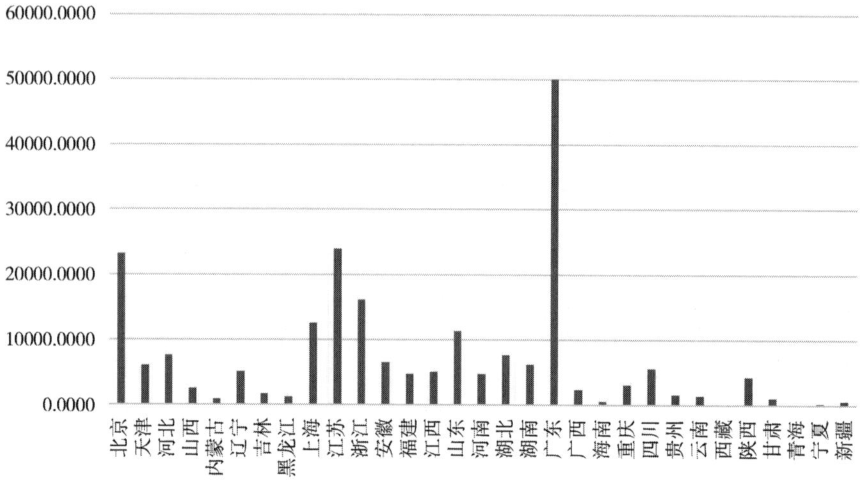

图11–1　2020年高新技术企业分布情况（单位：家）

资料来源：wind数据库。

又如，虽然自治区在部分制造业领域出现了隐形冠军，但是与其他省份相比，数量还不多（参考图11–2所示）。再如，自治区列入2020年中国民营企业500强的企业也仅有3家[1]。

[1] 分别为排名第32位的新疆广汇实业投资（集团）有限责任公司（零售业），排名为第155位的新疆特变电工集团有限公司（电气机械和器材制造业），排名第418位的新疆生产建设兵团第八师天山铝业有限公司（有色金属冶炼和压延加工业）。

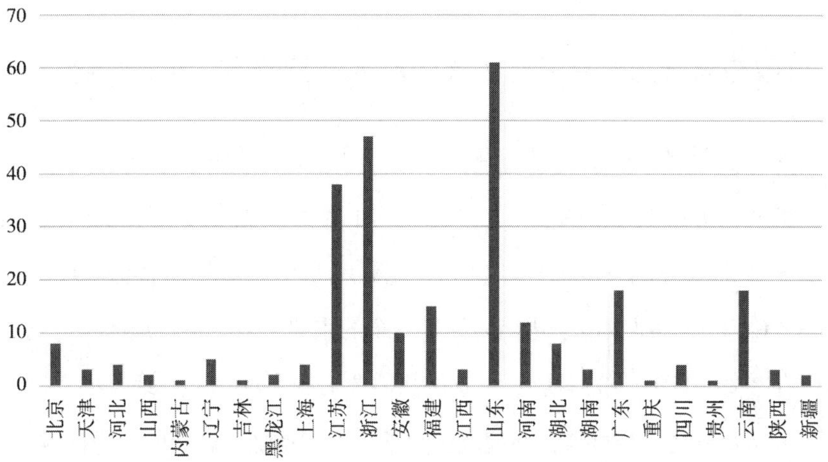

图11-2 目前我国隐形冠军企业地区分布（单位：家）

数据来源：笔者加工整理。

二、部分融资政策“水土不服”，最终落实不到位

据昌吉州部分科技中小微企业反映，在长三角、珠三角落实较好的各种创新型贷款在自治区实施效果不好。目前，银行为了减少不良贷款率，给企业贷款时仍需要各种抵（质）押产品，知识产权贷、信用贷在具体操作中大打折扣。同时银行反映，“知识产权等无形资产评估很难，担心未来变现存在问题，开展知识产权贷的动力不强。即便有银行给予知识产权贷，授信额度打折程度也比较厉害”。另外，供应链融资中往往大企业不配合，不愿意提供与上游中小企业相关的购货时间和合同执行期。此外，自治区并没有一家已备案的市场化征信机构，这不利于信用贷产品的发展。同时据企业反映，受不良率考核以及“双碳”目标影响，对传统制造业支持不足，尤其对煤炭和煤炭化工企业“一刀切”。

三、行政垄断行为时有发生，准生准入准营仍有“重重门槛”

当前，自治区一些地方仍在搞“区域小市场、小循环”，一些行业仍存在人为设置壁垒不公平竞争的现象，严重制约了自治区经济的循环畅通，政府部门的竞争意识有待进一步加强。例如，据新疆自治区市场监管部门反映，数字证书（CA）作为维护电子化交易信息安全的重要手段，在跨地区跨部门应用过程中存在着不能互通的问题。企业往往需要对数字证书“一地一办”“一业一办”，需要重复提交材料，办理过程冗长，大大增加了企业的招投标成本。

准生准入准营的“重重门槛”，民营中小企业仍难以跨越。例如，看似便利的开办企业制度却隐藏着诸多不便。目前，自治区内打造了开办企业“一网通办”平台，能够在较短时间内办理企业开业涉及的多个环节和事项。但据企业反映，在银行开户上只实现了预约开户，后续仍需要较长时间去完成实质开户。同时在开户过程中，还需要被捆绑购买金融产品，给企业带来困扰。另外，初创企业及集群注册登记企业由于被评估为风险较高，初期单月获得的税务发票较少，无法满足业务需求。

四、应收账款返款不畅、虚假产品入市，老问题“沉渣浮起”

当前，一些已经得到有效解决的老问题，近期又“复燃”。

一是拖欠账款问题“重返”。受疫情反复影响，客户往往以资金紧张、企业运营困难、汇款及支付程序复杂为借口，拖欠账款，民营企业常常遭遇恶意拖欠等问题。据某企业反映，虽然企业为了保障现金流采取了特别措施，但企业的应收账款天数仍有显著上升，由2021年初的90天提高至180天以上。除此之外，虽然自治区一直下大力清理拖欠民营中小企业账款的问题，但是疫情发生以后，国有企业拖欠问题又“沉渣浮起”。部分企业反映，出于保障现金流安全考虑，宁愿放弃订单也不愿意被欠账。

二是“政府松绑”使得劣质企业浑水摸鱼。据企业反映，为了落实中央“保市场主体”要求，监管部门落实政策时走样，只检查送检产品，而不到现场盲检，使得一些不合格产品拿到了合格证书，售假行为又再冒头，造成了“劣币驱除良币”现象，严重影响了市场秩序。此外，在开展相关价格监督专项检查过程中发现，仍存在未及时落实国家和自治区降费政策的行为。

五、绿色、数字化转型发展尚未跟上节奏，部分民企生存压力加大

随着经济由高速增长阶段转向高质量发展阶段以及消费结构全面升级、需求结构快速调整，对供给质量和水平提出了更高要求，自治区一部分民营企业还未能适应相关要求，转型升级步伐未能跟上时代发展的节奏。

一是绿色转型发展仍然任重道远。目前，能耗双控任务艰巨，工业节能降耗压力加大。2020年自治区单位生产总值能耗是全国平均水平的2.7倍。“十四五”时期自治区能耗总量和强度“双控”目标任务为能耗增量1730万吨标准煤，能耗强度下降14.5%。目前，全区（含新疆建设兵团）在建的“两高”项目能耗为2962万吨标准煤，已远超国家分配的能耗增量。同时，要实现全区能耗强度下降目标，工业领域能耗强度必须每年下降4%左右。但是据新疆自治区发展改革委反映，2021年上半年受全区高耗能产业比重大等因素影响，工业能耗强度不降反升，1—6月同比增长3.74%。可见，未来自治区工业发展绿色转型迫在眉睫，现阶段将有上百亿元甚至千亿元的项目停摆，对自治区经济发展形成较大的挑战。

二是没意识、没渠道、没信心、没资金、没人才等多重原因导致企业数字化转型困难。虽然近年来新疆“跳蚤市场”“夜间经济”等各行各业加速“上线”“上云”，从购物到服务，从生产到销售，涌现出许多新业态新模

式。但是，部分民营中小企业仍对下一步如何深入开启数字化转型“踌躇不前”。部分少数民族企业主“守旧”心态严重，还没完全认识到数字化转型是未来生存的硬需求。很多企业也缺乏对技术、市场、平台等有效信息资源的获取，不知道如何开启数字化转型。大部分企业还担心数字化转型不能达到预期成效，盲目开发或应用将带来严重损失，也担心与云平台之间缺乏产权界定而引发数据滥用，对数字化转型“望而却步”。另外，缺乏足够的资金和人才也导致企业有心转型但依旧原地踏步。

六、改革、协同发展不强，不利于民营企业更上“一层楼”

与长三角、珠三角地区民营企业相比，自治区民营企业在内部改革上略显不足。

一是民营企业在制度建设上存在诸多短板。比如，企业治理不规范，治理结构仅仅是流于形式、形同虚设，权力制衡机制尚未发挥，导致股东行为不规范、内部约束无效。由于普遍缺乏职业经理层，民营企业还未具备专业化、制度化管理的能力，“人治”特色鲜明，大部分企业处在粗放型还未向精细化经营管理转变的阶段。企业内部管理制度和市场化的经营机制欠缺，大部分民营企业在内部风险管控、财务管理制度、选人用人和激励约束机制、文化建设等制度建设方面仍不完善。

二是自治区内的企业融通发展格局尚未形成。龙头企业带动性不强，中小企业存在小散乱。大企业责任承担不足，只注重提高企业自身利润水平，忽视建设和完善行业生态，常常利用市场支配地位，盘剥、侵害民营中小企业。小企业过于急功近利，制假售假、侵犯知识产权，或者制造谣言来损害竞争对手、扰乱市场秩序，不利于大中小融通发展。此外，国有企业与民营企业融合发展较弱，“国民共进”格局尚未形成。目前虽然自治区稳妥推进混合所有制经济发展，但形成的混合所有制企业也是“形”混而“神”不混，还有部分民营企业处于“不敢混、不愿混、不能混”的境地。

第四节　政策建言：如何进一步促进新疆民营经济高质量发展

民族地区工作的重点必须以经济建设为中心，带动维吾尔族同胞和其他少数民族同胞的共同发展和共同富裕。习近平总书记说：幸福是奋斗出来的。当前应将打造高质量民营市场主体作为主攻方向，以“提意识、育头部、解困难、促改革、营环境”为着力点，聚焦发展民企的“切肤之痛”，为民营企业疏淤清泥通航道。

一、高度重视民营经济在经济社会发展中的重要作用

民营经济是强区、富民、创新、活力、开放、担当的经济，要想其充分、健康发展，首要前提就是要建立高层次高水平促进民营经济发展的组织保障体制。首先，要出台支持民营企业发展的地方性立法，从而有效指导新疆地区民营经济的发展。其次，建立民营经济发展联席会议工作制度或者民营经济发展的领导小组，形成各部门有效协同指导民营经济发展的格局。最后，建立民营经济统计和监测平台，进而有效监测民营经济发展情况，及时发现问题并加以解决。

二、以培育发展头部企业为着力点提高高质量企业占比

创新企业梯次培育机制，实施“个转企”“小升规”“规升巨”企业提升计划。重点强化“头雁”培养，按照“储备一批、培育一批、提升一批”的原则，构建分层次的孵化培育体系，打造具有持续创新力和竞争力的民营

企业群体，使其成为民营中小企业高质量发展的样板。扶持一批企业成为“专注主业、专注研发、提升品牌”的“专精特新”民营中小企业，进一步精心打造一批“专精特新”企业成为国际或国内细分领域的“行业小巨人”“隐形冠军”“配套专家”，更大规模培育一批“瞪羚”企业、“独角兽”企业，不断扩大引领民营中小企业高质量发展的头部企业规模，促进民营中小企业实现“小而多”到“精而强”转变。另外，畅通市场化退出渠道，完善企业破产清算和重整等法律制度，提高注销登记便利度，进一步做好“僵尸企业”处置工作。

三、精准打靶实现各个击破

从企业发展实际出发，精准发现新疆民营经济发展中存在的问题，从解决“高山”“冰山”“刀山”“雪山”入手，创新性、整合性、复制性地提出一些解决方案，为民营企业疏淤清泥通航道。

帮助民营企业跨越融资的“高山”。围绕培育“愿贷”、着力“稳贷”、深挖“首贷”、打造“优贷”、发力“快贷”、增信“助贷”、推进“惠贷”等七个方面，提出加大信贷支持力度、缓解还本付息压力、完善“首贷”金融服务、拓展特色产品、加快信用市场体系发展等政策体系，缓解民营小微企业融资难、融资慢、融资贵问题。

打破市场不公平的“冰山”。打破各种各样的“玻璃门”“旋转门”，切实解决“准生不准入、准入不准营”的问题，让民企切实感受到成效。进一步强化市场监管，对于滥用市场支配地位或行政权力，排除或限制竞争的垄断行为与不正当竞争行为，要予以防范和及时惩戒。按照“非禁即入”的原则，取消规模、股比、经营范围等隐性门禁，打破区域行政壁垒，不断扩大民营企业家的投资创业空间。支持民企参与国家重大科研攻关项目，清理规范科技项目评审评价活动中的人才“帽子”作为评审评价指标的使用。重拳治理假冒伪劣产品，创造以质取胜的公平竞争市场环境。继续深化开办企业便利化改革，创新“一网通”智慧导办服务，精准及时高效解决群众在办理开办企业手续时遇到的各种困难。大规模使用“银政通”企业开办全流程智能服务一体机，开通第三类办理场景。

破解产权保护不利的“刀山”。切实保障民营经济的产权，依法严肃查处各类侵害民营企业合法权益的行为。杜绝司法保护的不平等现象，慎重对民营企业家违法行为采取强制措施，不得滥用司法权力对民营企业的资产违法扣押冻结，杜绝违法司法程序强行接管民营企业家的资产。建立健全涉产权案件甄别工作机制，完善办案质量终身负责制和错案责任倒查问责制，建立产权案件纠错和救济机制。重点整治财产案件久拖不决或不依法判决的行为。确保行政执法不侵害民营经济产权，重点整治公共部门侵占企业财产行为、违法查封扣押冻结企业财产等行为。

有效融化政府、国企拖欠民企账款的“雪山”。做好拖欠民营企业账款排查统计工作，建立拖欠民营企业账款台账，详细掌握拖欠民营企业账款的规模、结构等。合理安排和调剂资金预算，制定清偿计划，及时按照合同约定办理拨付，将应付未付账款限时清零。将严重拖欠者列入失信“黑名单”，严厉惩戒问责。

四、鼓励民营企业成为创新发展的主力军、改革的先锋军

在为民营经济发展营造良好发展环境的同时，还需要鼓励民营企业加强自身建设，不断提高创新、管理水平，进而提高在市场上的竞争能力。

引导和鼓励民营企业跨越创新转型发展的火焰山。支持民营企业参与自治区重大科研公关项目，鼓励民营企业参与自治区级及以上产业创新中心、制造业创新中心等创新平台建设。通过银企合作、政府引导基金、科技和知识产权保险补助、科技信贷和知识产权质押融资风险补偿等方式，支持民

营企业开展科技创新。推动重大科研基础设施和大型科研仪器进一步向民营企业开放。鼓励民营企业和社会力量组建专业化的科学仪器设备服务机构，参与科研设施与仪器的管理与运营。实施企业“上云用数赋智”行动和中小企业数字化赋能专项行动，布局一批数字化转型促进中心。建立免费的企业工业互联网诊断体系。实施工业互联网创新发展工程，支持优势企业提高工业互联网应用水平，带动发展网络协同制造、大规模个性化定制等新业态新模式。鼓励互联网平台企业利用自身资源为中小企业数字化转型提供免费或优惠的诊断、产品、技术、服务和资源，降低中小企业转型的成本和技术门槛。加强行业龙头的引领作用，为中小企业实现数字化转型提供有益经验。加快推动传统产业尤其是传统能源产业技术改造，向智能、安全、绿色、服务、高端方向发展。

积极鼓励民营企业参与国有企业改革。鼓励民营企业积极参与国有企业混合所有制改革，发展以民营企业控股的混合所有制企业。同时积极探索“反向赋能”混改方式，鼓励国有资本以多种方式入股非国有企业。尤其是鼓励自治区国企，在前瞻性战略性产业领域和共性技术创新领域、生态环保领域，按照市场规律选择发展潜力大、成长性强的非国有企业，开展股权投资、联合投资或者重组等，与非国有企业进行股权融合、战略合作、资源整合，实现国有经济和非国有经济的联营、协作和一体化运营。

加快建立现代企业制度以助推民营企业高质量发展。鼓励、支持、引导民营企业建立“治理结构合理、股东行为规范、内部约束有效、运营高效灵活的”现代企业制度，增强企业建立现代企业制度的主动性和规范性，进一步释放民营企业发展活力。首先，引导民营企业优化产权结构。引导企业通过清产核资、界定产权、清理债权债务，核实企业法人财产占有量，促使企业产权与企业家个人或家族财产分离，明确企业各股东的持股比例，进一步明晰企业产权结构。增加职业经理人及技术骨干、核心员工持股比重，使企业经营层和骨干人员与企业长远发展紧密连接起来，增强企业的凝聚力和向心力。其次，引导民营企业建立规范的公司治理结构。引导企业组建股东会、董事会、监事会和经理层，鼓励民营企业制定规范的公司章程，明确股东会、董事会、监事会等各自职权及议事规则，在议事程序、决策程序、财务规则、工作准则等方面规范运作，强化决策的科学性、民主性，形成相互制衡的决策、执行、监督体系，实现股东行为规范、内部制衡有效的目标。最后，引导民营企业建立高效的运营管理机制。鼓励民营企业积极引进职业经理人，提高经营管理能力，完善内部激励约束机制，建立科学规范的劳动用工、绩效考核和收入分配制度，充分体现员工当期成果和累积贡献，发掘员工潜能。加强技术、管理等各项标准建设，健全公司财会、质量、成本、营销、安全、环保等各项内部管理制度，推动质量、品牌、财务、营销等精细化管理。

五、构建良好的清亲政商关系和政策配套环境

推动自治区领导干部同民营企业家交往既坦荡真诚、真心实意靠前服务，又清白纯洁、守住底线、把握分寸。完善涉企服务机制，鼓励干部当好企业的“店小二”“联络员”“宣传员”“服务员”，促进自治区民营企业家成为讲政治、顾大局，争做民族团结的带头人和社会稳定的维护者。建立健全帮扶企业的工作联动机制，企业一个电话就是工作动员令，千方百计解决企业在产销、融资、用工等方面遇到的实际难题。健全企业家参与涉企政策制定机制，加快建立政府重大经济决策、涉企政策主动向企业家问计求策的程序性规范。完善涉企政策和信息公开机制，加大政府信息数据开放力度。强化涉企政策落实责任考核，充分吸收行业协会、商会等第三方机构参与政策后评估。另外，还需要建立政府诚信履约机制，实现“新官管旧账”。

（执笔人：刘方 杨宜勇）

参考文献

刘泉红,刘方.积极引导民营企业建立现代企业制度[N].中国改革报，2020-11-11.
刘方.激发各类市场主体活力的路径研究[M].北京:中国市场出版社，2021.